E. T. A. HOFFMANN.

OEUVRES COMPLÈTES.

TOME TROISIÈME.

LA FILLE BLEUE.

I.

PARIS. — IMPRIMERIE DE CASIMIR,
Rue de la Vieille-Monnaie, n° 12.

La Fille

BLEUE,

OU

La Novice, l'Archevêque et l'Officier Municipal;

Par JEAN PIERRE.

TOME PREMIER.

PARIS.

LECOINTE ET POUGIN, QUAI DES AUGUSTINS;

PIGOREAU, PLACE SAINT-GERMAIN;

CORBET, QUAI DES AUGUSTINS;

MASSON ET YONET, RUE HAUTEFEUILLE.

—

1832.

PRÉFACE.

Le fait qui forme l'action de
la Fille bleue est un fait his-
torique et qui m'a été rapporté
par des personnes dignes de foi;
j'ai évité de nommer l'archevêque de Paris, dont il honore la
mémoire; cependant je crois

I.   *a*

pouvoir avancer, sans le garantir pourtant, que c'est monsieur de Juigné.

Ce prélat a laissé des réputations diverses; tous les partis l'ont jugé d'après leurs opinions, c'est chose toute simple. Voici ce que je trouve dans les Mémoires de Brissot, publiés par M. de Montrol; à propos d'un éloge de Saumaise, envoyé à l'académie de Dijon, et qu'il redemanda à Maret, président perpétuel de cette académie, et père du duc de Bassano, Brissot s'exprime ainsi :

« Ce Mémoire me rappelle un fait assez singulier, c'est qu'à la lecture de mon discours dans la petite académie et à l'ouverture du billet qui contenait mon nom, il y eut beaucoup de battemens de mains, et celui qui applaudit le plus fort fut cet archevêque de Paris, alors évêque de Châlons, qu'on ne peut, sans doute, accuser que cette fois d'avoir montré quelque sympathie pour les idées philosophiques et tolérantes. A Châlons comme à Paris, il s'est fait connaître par de bonnes et de iv

mauvaises œuvres. Ainsi on le
vit persécuter, proscrire les jan-
sénistes et répandre ses bienfaits
sur les pauvres de son diocèse.
On me conta, dans mon voyage,
qu'au moment d'un incendie, il
s'était précipité courageusement
au milieu des flammes pour en
arracher une femme prête à pé-
rir, et que lui-même faillit être
brûlé vif en la sauvant. Devenu
archevêque de Paris, moins cé-
lèbre par sa haine et ses man-
demens contre les philosophes
que par la sublime réponse qu'il
s'attira de J.-J. Rousseau, on

assure que dans l'hiver de 1788,
il vendit jusqu'à sa croix pastorale pour porter du secours
aux malheureux qui mouraient
de faim et de froid. Voilà assurément un dévouement évan-
gélique dont on doit lui tenir
compte; mais sa conduite à l'assemblée nationale, son opposi-
tion à toute espèce de réforme,
à toute espèce de concession, le
fit bientôt oublier. Il ne sut pas se
soumettre à de plus utiles et de
plus généreux sacrifices. Au nom
du ciel et le crucifix à la main, le
député-archevêque vint adjurer

Louis XVI, dont il connaissait bien l'esprit timoré et la faible imagination, d'apposer son *veto* à tous les décrets législatifs qui attaquaient les prérogatives du clergé; ce fait connu motiva les huées dont il fut un jour poursuivi au sortir de l'assemblée. Juigné s'est depuis réfugié à l'étranger, où il rassemble tous les prêtres factieux et fanatiques qui refusent à la fois de reconnaître les lois de l'Évangile et de la patrie. Qu'en pense-t-il faire? est-ce pour leur prêcher une croisade contre la France?»

Brissot juge sévèrement monsieur de Juigné, mais il me semble à moi qu'un prêtre qui mêle les intérêts du ciel à ceux de la terre, qui descend de l'autel pour entrer dans l'arène politique, et qui emploie son pouvoir spirituel au profit de la puissance de ce monde, mérite cette sévérité : du reste, je n'ai pas eu à juger la conduite politique de M. de Juigné, qui a eu le tort d'en avoir une. Cet archevêque rentra en France en 1802, y vécut dans la retraite et mourut dans l'oubli.

viij

Si *la Fille bleue* trouve des lecteurs, je ferai paraître *le Moine*.

JEAN-PIERRE.

LA FILLE BLEUE.

CHAPITRE PREMIER.

Un soir, Jean Pierre, après souper, assis contre le manteau enfumé de sa cheminée, regardait avec un air de complaisance ses enfans et ses petits-enfans qui s'agitaient autour de lui. L'aînée de ses filles filait au rouet, l'autre dévidait les écheveaux; l'un de ses gendres faisait un

petit fusil avec un éclat de bois;
l'autre, les bras croisés sur la poitrine, regardait brûler les bûches du
foyer, et quatre petits enfans jolis
comme des amours s'amusaient dans
un coin de la chaumière et jouaient
à la main chaude avec une ardeur
dont rien ne pouvait les distraire.
Jean Pierre jetait un œil satisfait,
tantôt sur ce spectacle si intéressant
pour lui, tantôt sur le fourneau de sa
pipe, qui allait s'éteignant, et dont
il faisait tomber la cendre en frappant doucement sur la terre brûlée
qui la contenait.

« Voilà de braves gens, se dit-il,
qui ont travaillé tout le jour, qui
sont las et recrus, et qui auraient

besoin d'un divertissement, de quelque chose d'étranger à leur travail
avant d'aller se livrer au repos. »

On voit que Jean Pierre était de
cette opinion générale qu'il ne faut
pas que l'arc soit toujours tendu pour
qu'il conserve sa force et son élasti-
cité : or, en conséquence de ce prin-
cipe, il contait des histoires de fées
à ses petits enfans ; mais s'étant aper-
çu que cela n'intéressait en aucune
manière ses filles ni ses gendres, sa
petite bibliothèque de campagne
avait été lue et relue plusieurs fois.
Il avait ensuite raconté si souvent les
batailles de l'empereur depuis le siége
de Toulon jusqu'à la défaite de Wa-
terloo, la vie du grand homme depuis

sa naissance à Ajaccio jusqu'à sa mort à Sainte-Hélène, qu'il fallait renoncer à ce sujet favori; il se grattait donc la tête et cherchait à occuper l'attention de sa famille, dont chaque regard semblait lui dire :

« N'aurez-vous point d'histoire aujourd'hui ? n'aurons-nous pas une histoire ce soir ? Voyez, l'hiver commence et il sera long : il pleut, il neige, il vente dehors; allons, Jean Pierre, une histoire; vous savez bien que c'est vous qui êtes chargé de raccourcir la veillée. »

« Et au fait, pensait-il, ils sont tous ici comme perdus dans un bois, sans amis, sans voisins; depuis la révolution de juillet mon-

sieur le curé ne vient plus nous voir ;
ils ne peuvent aller ni à l'Opéra,
ni à la comédie, ni au bal ; c'est au
plus si aux vendanges de mon lieutenant ils dansent sous la tonnelle :
il leur faut une histoire..... »

Et il cherchait dans sa tête, il
passait sa main sur son front ridé,
et après une demi-heure d'angoisses
et de réflexions stériles :

« Bah ! se dit-il, je vais leur dire
l'histoire de mon capitaine ; il nous
l'a racontée vingt fois au bivouac, et
elle en vaut bien une autre..... Il
est mort sur le champ de bataille,
Dieu ait son âme ! il est plus heureux qu'un autre. »

Alors il annonça à ses enfans une

belle et longue histoire ; le cercle se
resserra, et on l'écouta avec attention ; on n'entendait, lorsqu'il parlait, que le bruit du rouet de l'aînée
de ses filles, le petit claquement sec
du fil de la cadette, qui quelquefois
cassait dans ses mains, et puis un
enfant qui venait passer sa figure
fraîche et ronde entre les épaules
de ses parens, et qu'on renvoyait à
ses jouets. Après avoir conté cette
histoire pendant les longues soirées
d'hiver, il l'écrivit, et c'est celle que
nous donnons au public.

———

C'était dans la loge d'un superbe
hôtel de la rue de l'Université, devant

un petit établi large de deux pieds et
haut d'un pied et demi, sur lequel gi-
saient pêle-mêle une alène, un autre
instrument appelé un *tranchet*, et
des morceaux de cuir découpés en lo-
sanges, en carrés longs, en ovales.
Un homme âgé, le nez aviné et de
larges lunettes devant les yeux, avait
croisé ses bras sur le cuir graisseux
qui couvrait sa poitrine; et cachant
sous son bras gauche le tire-pied,
arme naturelle de sa profession,
qu'il tenait de la main droite, il
faisait de la morale à un grand garçon debout devant lui, et on voyait
dans les yeux du vieillard que si sa
mercuriale ne produisait pas l'effet
qu'il en attendait, il avait en réserve

l'argument irrésistible, l'argument *ad hominem* dont il avait probablement l'habitude d'assaisonner la force de ses discours.

« Mon gentilhomme, disait-il au jeune homme, car à l'œil de poudre qui cache vos cheveux, à votre bel habit vert à boutons d'acier taillé, et à votre veste de soie, on ne peut pas vous donner un autre nom.... mon gentilhomme, vous me paraissez perdre le souvenir de ce que vous êtes, et avoir oublié que vous êtes fils de Jean-Christophe Buchet, portier de cet hôtel, ou concierge, comme dit mon maître, M. le comte O'Flahers, et cordonnier de son état, je veux dire savetier..... Vous êtes né, mon gentilhomme, dans cette loge, à côté de la botte à l'écuyère d'un piqueur de madame la comtesse , à laquelle je mettais un talon, et d'une mule de la femme de chambre que votre mère rebordait quand elle fut prise des douleurs, qui une à une finirent par vous pousser dans ce monde... Il y a bientôt dix-neuf ans de cela..... On vous l'a conté vingt fois; l'avez-vous oublié ? »

Le jeune homme à qui ces admonitions paternelles étaient adressées avait une de ces physionomies heureuses que, il faut bien l'avouer, le hasard dispense dans les familles de rois comme dans celles de savetiers, et que les femmes, plus amies

de l'égalité qu'on ne le croit généralement, distinguent partout où
elles les rencontrent ; son œil noir et
vif brillait sous de longs cils, sa bouche gracieuse souriait agréablement
en laissant voir de belles dents, ses
joues rondes et fraîches étaient légèrement colorées, et on voyait dans
sa physionomie un certain air d'audace qui s'alliait avec de la bonté,
de la franchise, et une naïveté de
son âge : sa taille était bien prise ;
sous des mouvemens faciles, son
corps se développait avec grâce, et on
pouvait remarquer qu'il écoutait le
vieux savetier avec un air naturel et
de bonne humeur ; ses sourcils noirs
ne se froncèrent point en s'entendant

rappeler sa naissance commune ; ces détails de premiers cris poussés entre une botte à l'écuyère à laquelle il manquait un talon, et une mule sans bordure, n'effarouchèrent point sa vanité, ou pour mieux dire il n'avait point une vanité qui s'appliquât à des choses semblables, et le vieux savetier s'en aperçut avec plaisir, de façon qu'il laissa tomber son tire-pied et qu'il dit en manière de correctif :

« Je sais que tu es un bon garçon ; mais ce genre de vie ne te convient point, il n'est pas fait pour toi.

« — Mon père, répondit le jeune homme.....

« — Ah ! mon père ; c'est fort heureux, dit le vieux savetier ; je croyais que tu l'avais oublié.

« — Voilà, mon père, reprit encore le jeune homme avec un sourire doux, voilà une injustice que je n'ai pas méritée. Quand ai-je essayé de m'éloigner de vous ? Pouvez-vous trouver dans toute ma conduite, depuis que je suis sorti du collége, quelque chose, la moindre action de ma part qui ne porte pas l'empreinte du respect et de l'amitié que je vous porte ?

— Le collége... le collége... murmura le vieillard, vous y avez été trop long-temps.

« — Comment cela ? dit le jeune

homme avec un étonnement bien marqué.

« — Oui, oui, monsieur le comte O'Flahers vous a peut-être rendu un mauvais service ; mais vous ne savez pas, Joseph, comment cela s'est passé ; vous ignorez que c'est malgré moi que vous en savez tant.

« — Malgré vous, mon père.....

« — Oui, lorsque vous naquîtes à côté d'une botte à l'écuyère, dit le vieillard en décroisant ses bras, madame la comtesse O'Flahers mit au monde un petit garçon dans des langes de soie.

« — Hélas ! fit Joseph.

« — Oui, hélas ! poursuivit le bonhomme Christophe Buchet, il grandit comme vous, vous jouïez ensemble; dans l'été vous aviez les mêmes cerceaux, dans l'hiver vous vous rouliez dans les mêmes neiges, ici, sur la cour; jusque-là c'était bien. Le petit Arthur vous aimait comme un frère..... Il ne faut pas pleurer, Joseph, ou, pour mieux dire, allez, pleurez, cela fait l'éloge de votre bon naturel; vous étiez deux gentils enfans, Joseph, et quelquefois je vois madame la comtesse qui répand des larmes en vous regardant..... Ah! cette pauvre mère, rien n'a pu la consoler, pas même la naissance de sa fille!... Quand vous eûtes sept ans tous deux, M. O'Flahers voulut mettre son fils

au collége, et alors vous pleurâtes ;
vous vous arrachiez les cheveux,
vous ne vouliez pas vous séparer du
jeune comte ; lui-même demanda à
son père de ne pas vous séparer de
lui, et M. le comte vous mit au collége avec son fils.

« —Mais, mon père, répliqua le
jeune homme les larmes aux yeux,
je sais tout cela.

« — Attendez, dit le vieillard ;
quand vous eûtes l'un et l'autre
douze ans, vous en saviez déjà plus
que je ne l'aurais voulu, et M. le
comte Arthur, le pauvre enfant !
tomba malade : c'était la petite vérole ; je me souviendrai toujours de
l'avoir vu passer dans cette cour,

empaqueté dans des couvertures et
la figure couverte de boutons.....
M. le comte envoya tout de suite
un médecin au collége et on vous
vaccina..... le pauvre M. Arthur
mourut..... Je voulus vous faire sortir du collége et vous retirer auprès
de moi, parce que moi, qui suis savetier, je n'avais d'autre ambition que
de vous faire cordonnier, et pour
un cordonnier vous en saviez assez...
M. le comte me fit observer que
votre douleur était si violente que
vous aviez besoin des distractions du
collége; dans l'hôtel, vous n'auriez
trouvé que des gens aussi affligés
que vous..... Je laissai passer un
an..... Au bout de ce temps, M. le

comte me dit qu'il fallait vous laisser finir des études commencées ; j'y
souscrivis malgré moi, et vous sor-
tites enfin du collége assez instruit
pour être curé à Saint-Thomas d'A-
quin, ou bien greffier au palais.....
Il ne paraît pas que vous ayez envie
de vous faire prêtre, Joseph ? »

Le jeune homme répondit à cette
interpellation par un non très-sec.
Le père Buchet jeta sur son fils un
regard inquiet, puis il continua :

« Je n'ai pas les moyens de vous
faire suivre des cours de droit; M. le
comte ne parait pas disposé à vous
les faire faire; alors qu'allez-vous
devenir? Je suppose que vous ne
voulez pas vous faire cordonnier,

comme c'était mon envie; d'ailleurs vous avez bientôt dix-neuf ans, et le temps de l'apprentissage est passé. »

Joseph Buchet, toujours debout devant son père, ne répondait rien, mais attendait respectueusement que le vieillard eût fini, pour lui expliquer toutes ses raisons. Le père lui dit encore :

« M. le comte avait promis de vous faire son secrétaire, mais il n'a pas tenu sa promesse, et même depuis quelque temps il ne paraît pas vous voir de très-bon œil ; on dirait qu'il cherche à vous éloigner de l'hôtel.

« — Qu'il cherche à m'éloigner de l'hôtel ? dit avec vivacité le jeune homme dont la figure s'empourpra.

« — Oui, monsieur, on le dirait ;
cependant vous n'êtes pas un gentilhomme, le fils d'un savetier !... Vous
n'êtes pas bon à faire un ouvrier ;
qu'allez-vous devenir ? une dupe ou
un fripon ? Vous voilà vêtu comme
un prince ; vous passez les journées
hors de la maison ; où allez-vous ?
où prenez-vous l'argent qui vous est
nécessaire pour payer ces belles nip-
pes ? car depuis près de six mois
vous ne m'avez pas demandé un écu
de six livres. Allez-vous au jeu,
monsieur ? »

En faisant cette dernière demande, les yeux du vieillard s'animè-
rent, et il serra de nouveau ses bras
contre sa poitrine ; il s'arrêta, et son

fils put voir que la série des griefs était
achevée, et qu'il ne lui restait qu'à
répondre sans encourir la chance
de nouveaux reproches. Le jeune
homme se sentit soulagé comme le
malheureux condamné à qui on ôte
le gilet de force ; il respira plus facilement, et il comprit que son secret était encore à lui tout entier.

« Mon père, lui dit-il, vous êtes
bien dur avec moi ; vous me repro-
chez l'éducation que j'ai reçue, quand
au contraire vous devriez vous féli-
citer du hasard heureux qui m'a mis
à portée de me pousser dans le monde
et d'y paraître avec avantage.... Je
vous vois venir, vous allez me blâ-
mer d'avoir de l'ambition ; mais tout

le monde n'en a-t-il pas ? vous-même
n'avez-vous pas eu la vôtre ? Je me
souviens de vous avoir entendu dire
vingt fois que votre première ambition avait été d'épouser ma mère ;
quand vous y fûtes parvenu, vous am-
bitionnâtes vivement d'avoir douze
cents livres de rente ; c'était un trésor pour vous, c'était le repos et la
tranquillité de la vieillesse, et vous
devez vous rappeler tous les efforts
que vous avez faits pour y parvenir ;
il y a deux ans, vous vîntes au collége où j'étais encore, et vous me
confiâtes le secret de vos affaires :

« — J'ai mille cinquante livres de
rentes, me dites-vous, il m'en faut
encore cent cinquante pour être heu-

reux ; c'est-à-dire, qu'il faut que je gagne encore un millier d'écus ; alors je serai libre et indépendant, je pourrai cesser de tirer le cordon de M. le comte, si je le désire, et me retirer dans la Normandie, dans le village qui m'a vu naître et où je veux mourir.

« Vous souvenez – vous, mon père, de votre joie lorsque le but de vos désirs a été atteint? Il faut être juste, votre ambition a été stationnaire ; elle n'a pas augmenté avec l'âge ; comme il arrive souvent, et dès que vous êtes arrivé au point que vous vous étiez proposé, vous n'avez pas tenté d'aller au-delà ; mais enfin, vous avez eu votre ambition ,

pourquoi ne permettriez-vous pas à
votre fils d'avoir aussi la sienne? et
pourquoi ne voudriez-vous pas non
plus qu'elle fût d'une autre nature
que la vôtre?»

Christophe Buchet se prit à sourire en entendant son fils lui rappeler les deux désirs de sa vie qui tous
deux s'étaient réalisés; ensuite il
lui dit :

« Ah! vous avez une ambition,
monsieur, et une ambition qui est
autre que la mienne! et quelle est-
elle, s'il vous plaît? »

Puis il reprit et il ajouta :

« Mais non, ne perdons pas de
vue ma première demande; vous
répondrez à ceci plus tard, car vous

êtes devenu un si beau parleur, qu'il faut vous serrer de près pour obtenir de vous quelque chose. Où prenez-vous l'argent de votre dépense? Jouez-vous, monsieur?

« —Je ne joue jamais, mon père; je n'ai joué de ma vie qu'aux barres et à la balle empoisonnée, quand j'étais au collége; l'argent que j'emploie à ma toilette, je le gagne, oui, je le gagne avec les talens que j'ai acquis malgré vous, et qui, comme vous le voyez, sont bons à quelque chose.

« —Ah! ah! » fit le vieillard avec un air d'incrédulité menteuse dont il cherchait à voiler son contentement.

Joseph Buchet continua :

« Et quant à mon ambition, la voici : je veux être soldat !

« — Soldat ! dit le père avec étonnement, soldat à cinq sous par jour ! et c'est pour cela que vous avez passé six ans au collége, que vous vous êtes farci la tête de grec et de latin ! En vérité, ce n'était pas la peine, et j'aimerais mieux vous voir cordonnier.

« — Non, dit le jeune homme d'un ton modeste, mais ferme, parce que lorsqu'on est cordonnier, on demeure cordonnier, au lieu que lorsque l'on est soldat, on peut devenir colonel, brigadier, mestre de camp, maréchal de France.....

« — Mais vous êtes fou, mon fils ;
vous, le fils d'un savetier, colonel ?

« — Rose et Fabert étaient du
peuple, et le maréchal Vauban n'é-
tait pas d'une bonne noblesse, dit le
jeune homme.

« — D'accord, Joseph, reprit encore le vieillard, vous me citez trois
hommes sur toute la France.

« — Mon père, continua le jeune
homme avec feu, que ne pouvez-
vous me comprendre ! que ne pouvez-vous comme moi jeter un coup
d'œil sur la France entière et voir la
lave qui bouillonne dans toutes les
têtes !.... Cette noblesse, mon père,
fière, arrogante, qui a tous les honneurs du trône, tous les honneurs de

l'autel, tous les honneurs des camps, et qui non-seulement se croit pétrie d'un autre limon que nous, peuple, mais qui encore est parvenue à le faire croire, cette noblesse va tomber..... Le peuple ouvre les yeux, il regarde ; dans quelque temps il va connaître ses droits, il va comprendre ce qu'il est, ce à quoi il a droit de prétendre ; et croyez-vous, mon père, que lorsqu'il faudra, pour devenir colonel, non pas être né le fils d'un duc, avoir les joues roses et les mains blanches, mais conquérir l'amour du soldat et ensanglanter son épée sur le champ de bataille, croyez-vous alors que ce soit le fils d'un duc ou votre fils qui devienne colonel ? »

Christophe Buchet écoutait de toutes ses oreilles ces paroles nouvelles, et son front pâlissait; ses yeux devenaient hagards; on aurait dit qu'il y avait tout un avenir de malheur dans ce que disait son fils; habitué à sa vie obscure, il ne voyait rien au-delà du cercle étroit qu'il s'était formé, et déjà il regardait le jeune homme debout devant lui comme un fou furieux, ou un de ces conspirateurs dangereux contre lesquels la société entière se lève, parce qu'ils blessent tous les droits et compromettent toutes les existences.....

« Mon fils, mon fils, que dites-vous?

« — Je dis, mon père, ce que vous

verrez vous – même dans peu de temps.

« — Comment, dans peu de temps?

« — Oui, la France est lasse du joug odieux qui pèse sur elle; tous ses citoyens ne veulent plus obéir à quelques-uns seulement; ils ne veulent plus que le travail du pauvre enrichisse seulement le riche, qu'une certaine classe seulement soit puissante, et nous avons un roi qui pense comme nous et qui fera lui-même tout ce que je vous dis ici.

« — Le roi le fera ?

« — Sans doute.

« — Mon fils, écoutez-moi; je suis vieux, et je ne me suis jamais mêlé de ces choses; mais tout ce que j'ai désiré dans ce monde, je l'ai obtenu ; vous-même l'avez dit ; j'ai été heureux, c'est beaucoup, mon fils ; vous, vous serez peut-être colonel, mais je crains que vous ne soyez pas heureux. »

Joseph Buchet sauta au cou de son père et l'embrassa tendrement.

« —Maintenant, dit-il à son père, il y a un petit gentilhomme qui attend sa leçon, je vais la lui donner ; en les rendant plus instruits, nous les rendrons meilleurs ; ensuite je reviendrai à l'hôtel, et je donnerai à mademoiselle Eugénie sa leçon d'histoire. »

En parlant ainsi, Joseph Buchet leva les yeux, et dans la lucarne de là loge il vit sa mère : la bonne femme fixait sur lui ses petits yeux gris, et avait son index devant sa bouche, comme une femme qui a deviné le secret de son fils et qui en a pitié. Joseph devint rouge jusqu'aux oreilles, prit son chapeau et se hâta de sortir.

CHAPITRE II.

Après nous être arrêtés un moment
dans la loge du portier, et avoir fait
comme tous les visiteurs qui pous-
sent la vitre mobile et disent : Monsieur y est-il? il nous faut monter
dans les superbes appartemens de
l'hôtel, et voir quelle était la famille qui l'habitait.

M. le comte O'Flahers descendait

d'une famille d'Irlande, aussi ancienne que le trou de Saint-Patrick,
et aussi noble que les Stuarts; il
fallait voir dans son cabinet son arbre généalogique, noir, enfumé et
bariolé de devises et d'écussons; le
parchemin, jaune et racorni, était
entre un superbe Corrège et une
belle vierge de Raphaël, et quand
on disait au noble comte :

« Voilà un magnifique Corrège !

«—Oui, répondait-il, regardez
cet écusson écartelé de gueules; c'é-
tait celui d'un O'Flahers, qui fut à
la croisade avec Édouard d'Angleterre; il est mort vierge, et est en-
terré en terre-sainte, à deux cents
toises de Jérusalem.

« — Monsieur le comte, voilà une vierge de Raphaël qui manque à la galerie du roi ; quel coloris, quelle grâce décente et pure dans ces yeux pleins d'amour !

« — Voyez, disait M. O'Flahers, ces armoiries étincelantes d'azur sur un fond blanc ; elles marquent le passage glorieux dans cette vie de Mina Magloire O'Flahers, abbesse de Dublin en 1359, et morte en odeur de sainteté ; mon aïeul la fit canoniser il y a cent ans, et dans sa chapelle elle fait des miracles.

Cette famille aristocratique vivait depuis un temps immémorial à Dublin, avec une splendeur de prince, et se mêlant à la politique du temps.

Ses chefs abandonnaient volontiers la verte Erin pour suivre le roi à Londres et participer aux bienfaits de la cour ; mais dans des temps de malheurs, les Stuarts les trouvèrent fidèles à la mauvaise fortune comme ils l'avaient été à la bonne. Lorsque Jacques II fut contraint de quitter l'Angleterre, et qu'il céda la couronne à son heureux rival, le grand-père du comte O'Flahers suivit Jacques à Saint-Germain. Là, tandis que les courtisans de Louis XIV trouvaient que le monarque détrôné avait une assez grande mine, et qu'il sentait assez son roi, mais que cependant il portait mal l'épée, et qu'il avait des chapeaux mal faits, monsieur O'Flahers traînait sa glorieuse fidélité dans la belle et ombreuse forêt de Saint-Germain, assistait aux chasses du grand roi, courait le loup avec monseigneur le dauphin, revenait le soir tenir le bougeoir au coucher de Jacques II, et se proclamait orgueilleusement le premier des jacobites.

Cependant comme à cette époque M. le comte O'Flahers, le grand-père de celui dont nous allons parler, était jeune, qu'il avait tout récemment épousé une Irlandaise aimant le luxe et la dépense, comme il était pourvu d'une certaine finesse, et qu'il avait jugé que les chances de Guillaume étaient au moins éga-

les à celles de Jacques, dès le commencement de cette querelle de rois,
il avait prudemment vendu ses biens,
et avait fait passer ses fonds en
France, pour se mettre à l'abri des
confiscations, moyens fort usités
alors, et qui, comme il l'observait
très-bien, rendent la fidélité har-
gneuse et mécontente, et font naître
une coupable complicité entre les
cris de l'estomac et ceux du cœur.
Monsieur le comte se trouva fort riche en France, et il acheta deux
belles terres, ainsi que l'hôtel magnifique qu'occupait encore son pe-
tit-fils. A la mort de Jacques, M. le
comte O'Flahers fut désespéré, prit
le deuil, mit des pleureuses, et jura

fidélité au prince de Galles, qui,
comme on le sait, fut reconnu par
Louis XIV. Cela fait, il se retira des
affaires, et vécut à Paris en homme
riche et dans ses terres en grand
chasseur. Enfin, au commencement
de la régence, M. le comte O'Flahers mourut, en laissant tous ses
biens à un fils unique qui portait le
même nom que lui. Le nouveau
comte était frais et gaillard, les épaules carrées et la jambe bien faite;
il avait juste tout l'esprit nécessaire
pour briller, non pas dans un souper des *roués* du régent, où l'on avait
beaucoup d'esprit, mais au milieu
de roués du troisième ordre, où il
tenait fort bien sa place, mangeant

longuement, comme il convient à un bon Irlandais, buvant sec, et conservant sa tête aussi saine et ses idées aussi lucides à la fin d'un repas comme à son premier verre de champagne. Ces qualités solides le poussant peu à peu, il eut plusieurs fois l'honneur de souper avec le régent; il se présentait quatre fois par an chez madame la duchesse de Berry. Le cardinal Dubois pensa qu'il serait possible d'en faire quelque chose, et il le tâta; il lui fit des politesses, des prévenances; puis ne le trouvant pas de taille à en faire un diplomate, il le laissa là comme une bouteille étoilée qui conserve bien un vin commun et grossier, mais à laquelle on n'ose pas confier une liqueur précieuse. Tous ces honneurs, quelque vains qu'ils fussent, séduisaient M. le comte O'Flahers; il était jeune et bien fait; il fit la cour aux dames. Or, dans le temps de la régence, où, ainsi que le dit Béranger, grâce aux plus drôles de corps, la France était folle, les plaisirs étaient loin d'être aussi délicats que sous les La Vallière et les Montespan, et quand on avait fait l'amour aux dames les plus abandonnées de la cour, on passait volontiers aux actrices : feu le grand dauphin avait le premier donné cet exemple en s'engouant de la Raisin; le régent, qui prenait du plaisir où il le trouvait,

suivit cet exemple, et on sait qu'a-
vant de distinguer la Parabère et la
Phasaris, il avait eu une liaison in-
time avec l'actrice Florence, dont il
eut un fils reconnu, l'abbé de Saint-
Albin, grand prélat par la suite.
Les amours du régent mirent la
Florence en vogue, et monsieur le
comte O'Flahers, homme de bel air
s'il en fut, pensa qu'il était fort ho-
norable de succéder à la première
personne du royaume après le roi
enfant. Monsieur le comte soupira
pour l'actrice Florence ; celle-ci es-
timait ses faveurs fort haut, et faisait payer comptant tous les soupirs
possibles. Florence aimait les bals,
les fêtes ; il lui fallait un train de

maison magnifique, des équipages, des chevaux, une maison de campagne délicieuse sur les bords de la Seine, et ensuite la chose la plus nécessaire du monde à une jolie femme de ce temps-là, une petite maison cachée dans un coin obscur d'un des plus reculés faubourgs de Paris, aux murs noirs, à l'aspect décrépit et hideux, mais brillante en dedans de tout l'éclat du luxe, ornée des meubles les plus précieux, des tapis les plus chers, des tentures les plus coûteuses, enrichie des tableaux les plus suaves de l'Albane et aussi des peintures les plus lascives de Boucher, cantharides morales dont ces dames ne négligeaient pas

le pouvoir. M. le comte O'Flahers
paya tout cela ; il paya aussi les fantaisies les plus ruineuses, les goûts
les plus dispendieux, qui, dans les
caprices de la Florence, se succé-
daient avec une effroyable rapidité ;
mais aussi quand l'actrice passait
dans un superbe équipage :

« Qui est cette femme? disait-on.

«—C'est la Florence, répondait-
on, une ancienne maîtresse du régent, vous savez bien. Ah ! c'est
une femme qui cause bien du chagrin à madame de Parabére ; elle est
maintenant au comte O'Flahers, un
Irlandais riche à millions, qui serait
tout en Angleterre si les Stuarts y
revenaient. »

Or, madame de Parabère, *le petit corbeau noir* du régent, ainsi qu'il l'appelait, ne songea jamais à la Florence, et ne s'en inquiéta nullement. M. le comte O'Flahers avait succédé au régent comme Louis XV succéda à Pharamond, et la famille des Brunswick s'est si solidement attachée au trône d'Angleterre, que jamais les Stuarts n'ont remis les pieds dans leur île.

Cependant lorsque la Florence avait un équipage nouveau, le comte O'Flahers vendait un des siens, et quand elle achetait une terre, lui se défaisait d'une des siennes; et il arriva nécessairement de ce petit manége qu'il n'y eut plus parité entre la fortune de ces deux individus. Alors l'actrice crut s'apercevoir que les cheveux du comte O'Flahers, au lieu d'être blonds comme elle l'avait cru d'abord, étaient rouges ; que ses yeux n'étaient pas bleus et brillans, mais gris et ternes ; et enfin que le caractère irlandais, violent et emporté du comte, n'allait pas avec sa douceur naturelle. La Florence aimait singulièrement les yeux et les cheveux noirs ; il y avait donc double incompatibilité, incompatibilité au physique et au moral ; elle fit quelques malhonnêtetés marquées à monsieur le comte ; elle lui parla avec hauteur, avec aigreur, avec dédain. Monsieur le comte ne comprenait pas : alors elle se lia intimement avec le secrétaire du nonce du pape, jeune Italien à la noire chevelure, qui disposait du produit de là vente des agnus et des chapelets, et maniait beaucoup d'argent. La Florence vieillissait, et elle voulait faire une fin ; se lier avec le secrétaire d'un nonce, c'était déjà tendre à la dévotion. Monsieur le comte trouva cela fort mauvais ; sa maîtresse passait tous les jours trois ou quatre heures dans un boudoir auquel on avait donné le nom équivoque d'oratoire, tête à tête avec un jeune homme ; il n'approuvait pas cette manière de se convertir, il le dit fort haut et on se fâcha ; il menaça de

jeter le jeune secrétaire par la fenêtre, on se moqua de lui; il voulut
tout briser, et on lui fit entendre
qu'on avait été la maîtresse du régent, qu'on tenait à ce prince par
un lien très-puissant, et que si mademoiselle Florence était jamais
blessée dans ses biens ou dans sa personne, elle trouverait encore dans
les souvenirs qu'elle invoquerait assez de crédit pour faire mettre un
insolent et un brutal à la Bastille.

M. le comte regagna son hôtel,
furieux, ruiné et sans maîtresse;
cependant il était jeune, il avait un
esprit aventureux, de belles con-
naissances, et il lui restait assez de
bribes de sa fortune passée pour

faire encore pendant long-temps la figure qu'il avait faite, et il sé consola, parce qu'on se console de tout quand on a de la jeunesse et de la santé, et même quelquefois sans avoir ces deux biens. Il joua; mais quoiqu'il fût prudent et avisé, le jeu ne rajusta pas ses affaires, et il se convainquit qu'il fallait s'adresser à une autre divinité.

Dans ce temps-là la fortune publique était en aussi mauvais état que la fortune particulière de M. le comte O'Flahers; la noblesse envahissait, par des pensions que le régent donnait à pleines mains, une grande partie des revenus de la France; le clergé faisait son butin de l'autre. C'était un très-drôle de prince que ce régent, bon homme mais libertin, courageux mais faible, ayant un sens très-droit, mais laissant dévier sa raison au gré des caprices de ceux qui l'entouraient ; il donnait toujours, il ne savait rien refuser : sa mère, le cardinal Dubois, ses maîtresses, ses courtisans, tout le monde enfin en faisait ce qu'il voulait, excepté sa femme, qui cependant, dans l'affaire du duc et de la duchesse du Maine, a protégé, malgré lui, l'honneur d'un frère conspirateur. Au milieu de cette agitation, de cette confusion, de ce déluge de grâces aussitôt demandées qu'obtenues, les coffres de l'État se vidaient, et une pluie d'ar-

gent devenait aussi nécessaire pour
le régent qu'un orage est indispen-
sable à une terre ardente et que la
sécheresse a crevassée. Il fallait un
Jupiter pour la caisse du duc d'Orléans, Danaé pauvre et nue. Tout ce
que les princes désirent, ils l'ont. Le
régent eut son Jupiter.

Il se rencontra un pauvre diable
d'Écossais, grand joueur et grand
calculateur, qui, dans une querelle
d'hombre ou de trictrac, avait tué
son homme, et qui s'était réfugié en
France. Cet homme, comme M. Du-
pin, avait calculé toutes les chances
possibles de la vie humaine; il avait
des parties faites pour conduire à la
fortune, des banquiers et des tail-

leurs de pierre, des joueurs et des
avocats, des cordonniers et des maîtres à danser, des filles et des abbés,
des écrivains publics et des mar-
chands de chevaux, des couvens de
religieuses et des gouvernemens. Cependant il était pauvre, parce que
personne n'avait confiance en ses
calculs, et qu'un chiffre ne peut
pas agir sur lui-même. On le présenta au régent.

M. Law (c'était son nom) était
grand, bien fait, avait une belle physionomie ; il savait le français, quoiqu'il le parlât comme un *high-lander*
écossais, il trouvait le mot propre ; il
avait de l'éloquence naturelle, et au
seul bruit de ses paroles, on croyait

voir s'ouvrir les panneaux lambrissés
des appartemens et couler par torrens
des monceaux d'or. C'était flatteur,
c'était attrayant, et ce qui n'avait
pas pu séduire des tailleurs de pierre
ni des cordonniers, séduisit un
prince.

« Monseigneur, dit-il au régent,
vous êtes trois, quatre fois, vingt
fois plus riche que vous ne croyez.

« — Bah ! dit le régent.

« — Sans doute ; vous avez le Mississipi !

« — Le Mississipi ! reprit le régent, une terre inculte, désolée,
déserte, des bruyéres, et voilà tout ;
il en coûterait des millions pour y
envoyer des ouvriers qui y feraient

à peine une coupe de bois de cent écus.

« — Le Mississipi ! dit l'Écossais, vous ne savez pas, Monseigneur, ce que vous dédaignez ; c'est une terre promise, un Eldorado ; on peut y former la plus florissante colonie du monde ; je vois d'ici des moissons, des vendanges, des mines d'or, de diamans, des forêts de citronniers et de bois de sandal ; il ne manque que des bras, et quand on aura annoncé toutes ces merveilles, l'excédant de la population française ira s'enrichir dans ces fertiles contrées. »

Le régent ouvrait de grands yeux ; il prêtait une oreille attentive, et commençait à croire qu'il n'était pas aussi fort que M. Law sur la géographie.

« Tout cela est à vous, c'est-à-dire à la France; il faut former une compagnie; il faut créer des actions; ces actions, vous les vendrez ce que vous voudrez, et l'or du royaume va tomber dans vos coffres.

« —Parbleu, dit le régent, il a raison; le Mississipi, le Mississipi! »

Son altesse royale ne jura plus que par le Mississipi, et le *système de Law* fut adopté. Alors tout le monde courut après *Law*, c'était à qui aurait de ces actions; il en vendit et il en donna. Le régent, qui donnait toujours, en donna tant qu'il put; les femmes, les grands seigneurs entourèrent et cajolèrent l'Écossais; c'était à qui lui ferait les flatteries les plus adroites, toujours pour avoir des actions. Ce papier-monnaie qu'on payait si cher, et après lequel on courait si follement, augmenta de valeur par l'empressement qu'on mettait à se le procurer; on fit des fortunes immenses et scandaleuses, tous les rangs furent intervertis: les laquais, devenus millionnaires, montèrent dans les voitures dont quelques jours auparavant ils ouvraient les portières; c'était un renversement rapide et total de la société; saturnales dont la fin fut douloureuse, rêve doré dont le réveil fut bien pénible: mais ce n'est point ici le lieu nécessaire à un tel sujet.

M. le comte O'Flahers connaissait Law; tous deux à demi Anglais et parlant la même langue, ils se voyaient fort souvent, et l'un et l'autre s'étaient fait de longues confidences.

« Je ne sais où donner de la tête, disait Law à l'Irlandais, et si je ne parviens à placer mes chiffres, il faut que je me mette une pierre au cou et que je me jette dans la Seine, ce qui est fort pénible selon moi, parce qu'il fait bon vivre, et que je vis avec une très-jolie Anglaise qui a de très-bonnes manières.

« — Voyez, disait le comte, la

maison que j'habite ; j'ai grand'peine
à en payer le loyer ; je dois deux ans
de gages à mes gens ; je dois mon
équipage, mes chevaux et leur avoi-
ne : c'est une maudite femme qui
m'a mis dans cet état ! Au diable les
femmes ! si cela dure, il faudra faire
un *descampativos*, ou ce que les
musiciens appellent une fugue. »

Dès que le système fut adopté, dès
que les actions furent faites, taillées,
découpées, enregistrées et prêtes à
être mises en circulation, Law fut
trouver son ami ; et tirant de sa po-
che autant d'actions qu'il en pouvait prendre avec sa large et osseuse
main écossaise :

« Tenez, mon ami, lui dit-il,

voici des terres, des châteaux, des parcs, des femmes et des équipages. »

Ensuite il lui expliqua ce que c'était que le Mississipi; c'était un homme généreux que M. Law!

Le comte O'Flahers profita de cette bonne fortune en homme que la misère a une fois saisi au collet, et qui ne veut pas lui permettre une seconde fois ce manque d'égards ; il se mit au courant du mouvement de rotation des actions, il devina la hausse et le point où elle s'arrêterait, tout comme pourrait le faire un joueur de nos jours, et il vendit à propos. Devenu possesseur de beaux deniers comptans, il mit son orgueil à acheter les mêmes terres qu'il avait vendues et à dégager d'hypothèques le vaste hôtel qu'il habitait encore, en payant ou en promettant un loyer à son principal créancier. Comme il était jeune encore, il ne renonça pas aux plaisirs de ce monde ; il prit une maîtresse, assez belle, assez spirituelle, point actrice, et dont il régla les fantaisies ; il laissa couler sa vie dans les plaisirs de la table et un jeu modéré, considérant d'un œil serein les naufrages des jeunes gens qui perdaient leur fortune entière à l'académie, et pour lui se gardant bien d'anticiper sur ses revenus. C'est ainsi qu'il vieillit, se disant toujours qu'il fallait régler sa vie, devenir sage, prendre une femme pour avoir un héritier, et ne pas laisser tout son bien à d'avides collatéraux. Enfin, à près de quatrevingts ans, las de la vie de garçon et renonçant à plaire à madame Dubarry, il se maria; il épousa une jeune et gentille Française, riche de ses seuls attraits et d'un assez grand nom. Madame la comtesse O'Flahers avait un petit cousin qu'elle aimait beaucoup et qui ne quittait pas l'hôtel. Au bout de dix mois de mariage, M. le comte O'Flahers fut père d'un beau garçon qui ressemblait infiniment à son père ; ce fut une joie dans l'hôtel impossible à décrire : M. le comte luimême, qui avait été, comme on l'a

vu, un des roués de la régence, et
qui dans ses belles glaces de Venise
pouvait considérer à l'aise ses nom-
breuses rides, n'eut aucune mauvaise pensée. Quand il se fut bien
assuré que son rejeton était vivant,
il mourut emportant la douce conso-
lation que son nom ne périrait pas.
Sa veuve et le petit cousin prirent
son deuil, le portèrent avec décence
et exactitude, et prirent plaisir à
confondre leur douleur. On mit le
petit comte en pension ; il poussait
à ravir, c'était une tige d'une belle
venue. Monsieur le comte avait au
collége un précepteur, un valet de
chambre, un laquais à riche livrée,
de l'argent pour satisfaire toutes ses

fantaisies, enfin tout ce qu'il faut
pour ne rien apprendre : aussi ap-
prit-il fort peu de chose. On remar-
qua en lui dès l'enfance deux défauts, l'un qui lui fut donné par les
personnes qui l'entouraient, maîtres
et valets; l'autre qu'il tenait de la
nature : il était fier comme un Ara-
gonnais et têtu comme une mule
andalouse; à cela près, bon enfant,
le cœur excellent, et l'esprit ni trop
ouvert ni trop obtus. Il parcourut le
cercle des études d'alors, il triompha
dans les académies, et à vingt ans il
obtint une compagnie et partit pour
sa garnison, accompagné des exhortations et des conseils de sa mère,
qui était devenue une douairière

assez respectable , et du petit cousin, gros président que l'âge et le métier avaient alourdi. M. le comte servit pendant dix ans, c'est-à-dire parcourut des garnisons, vint passer des semestres à Paris, et par le crédit de sa mère arriva au grade de colonel : alors il céda aux désirs de madame veuve O'Flahers, quitta le service et résolut de se marier ; mais comme il pensait avoir dans les veines du sang irlandais (ce qui était au moins douteux), il voulut faire un voyage en Irlande et épouser une fille de ce pays.

« Allez, lui disait sa mère, allez en Irlande, monsieur le comte, c'est tout simple ; mais ne vous y mariez

pas. Vous êtes Français par l'asile
tout royal que Louis XIV a donné à
Jacques II et à votre grand-père, et
enfin par l'estime et j'ose dire l'a-
mitié que monsieur le régent avait
pour feu mon mari votre père. Vous
êtes riche, et c'est pour cela qu'il
vous faut épouser une femme riche.
Je vais vous dire la vérité : monsieur
le comte votre père m'épousa, et il
fit une excellente affaire... mais pour
moi, qui n'avais pas un sou, non
pas pour lui; ne l'imitez pas en cela,
et songez bien que dans la pauvre
Irlande toutes les femmes sont pauvres comme je l'étais. »

M. le comte O'Flahers était, comme
nous l'avons dit, extrêmement opi-

niâtre ; il écouta avec patience madame sa mère, et partit, décidé à
faire tout le contraire de ce qu'elle
lui recommandait. En effet, il épousa
à Dublin une noble descendante des
O'Connor, qui ne possédait pas un
plack, mais avait des cheveux blonds,
un teint éblouissant et une grande
habitude d'économie. Quand la jeune
femme fut arrivée à Paris, madame
O'Flahers la mère jeta les hauts
cris, et se plaignit hautement d'a-
voir une bru à laquelle il fallait
acheter des chemises. Monsieur le
comte, son fils, la laissa dire et cou-
cha tranquillement avec sa femme;
il en eut un fils qui, dès l'enfance, se
prit d'une grande amitié pour le fils

du savetier Christophe Buchet, concierge de l'hôtel. M. O'Flahers, qui
avait du sens, comprit tout de suite
l'avantage qu'il y avait à donner à son
cher Arthur un fidèle compagnon,
et il seconda cette amitié naissante
de tout son pouvoir; il mit les deux
enfans au même collége, et les fit
élever pareillement. Trois ans après
la naissance d'Arthur, sa femme le
rendit père d'une fille qui s'appela
Eugénie. Enfin, comme le lecteur
le sait déjà, il eut le malheur de
perdre son fils de la petite vérole,
et appliquant trop tard, pour ses intérêts de père, la méthode du cé-
lèbre Jenner, il fit vacciner Joseph
Buchet. Ainsi tout ce qui aurait pu

servir à conserver les jours du rejeton d'une famille noble et riche ne
profitait qu'à un jeune plébéien. A
la mort d'Arthur, le père Buchet
le pria de permettre que les études
de Joseph fussent interrompues, et
M. O'Flahers s'y opposa, d'abord
par intérêt pour le jeune enfant,
ensuite par opiniâtreté. C'était un
homme honnête et droit, mais qui
était fier de sa naissance, et qui aimait à contredire, de façon que madame la comtesse O'Flahers, qui
connaissait parfaitement le caractère de son mari, lui faisait faire
tout ce qu'elle voulait en lui con-
seillant le contraire.

A l'époque dont nous parlons,

c'est-à-dire en 1788, M. le comte avait cinquante-cinq ans; c'était un homme encore frais et bien conservé, mais on pouvait deviner son caractère à quelques traits durs qui se heurtaient sur son visage. Madame la comtesse avait quarante ans; ses beaux cheveux blonds s'étaient éclaircis sur son front, où quelques rides se laissaient voir, mais elle avait conservé tout l'éclat de son teint; elle n'avait jamais été jolie, mais sa physionomie spirituelle et franche avait encore ces avantages que l'âge diminue peu, et que quelquefois il augmente. Son caractère était doux et faible; elle craignait extrêmement son mari, avait pour lui le plus grand respect et partageait tous ses préjugés de noblesse. C'était une femme froide, aimant peu de choses, si ce n'est elle; se souriant volontiers dans une glace et s'affectant beaucoup quand ses lèvres étaient moins roses qu'à l'ordinaire, son front plus pâle et ses yeux moins vifs. Catholique fervente, elle avait conservé tous les préjugés et toutes les puérilités religieuses de son pays. Élevée dans la haine du protestantisme et des Anglais, parce qu'ils étaient protestans, ou bien encore des protestans, parce qu'en général ils sont Anglais, elle regardait le catholicisme comme une sorte de noblesse, elle croyait aux miracles ; la foi chez elle était une passion; elle avait un confesseur, elle était entourée dans ses appartemens particuliers de chapelets, d'*agnus Dei*, de livres de prières, de saintes images, et elle n'était pas dévote; elle pensait peu à Dieu, jamais au diable, et était à peu près dans le cas de ee gentilhomme qui croyait que Dieu y regarderait à deux fois avant de damner un personnage de son importance. La religion était pour elle un manteau dont on l'avait enveloppée dès sa naissance, et qu'elle conservait par convenance et par position. Toujours sage, elle aurait cru cependant pouvoir prendre un amant sans blesser ses devoirs religieux ou mo-

raux, parce qu'elle s'apercevait que
cela se faisait dans le grand monde.
Il y avait des duchesses qui agissaient
ainsi, des marquises qui ne vivaient
pas autrement; mais extrêmement
paresseuse, elle avait toujours frémi
à la seule idée des soins, des soucis,
des tracas que donne un amant.
Peut-être était-elle redevable de
sa sagesse à cette humeur noncha-
lante, et comme elle ne manquait
jamais aux convenances, elle était à
coup sûr ravie de ce qu'un amant
n'était pas une chose d'obligation.
Son esprit juste lui avait fait deviner
de bonne heure le caractère de son
mari, et alors elle le contrariait un
moment pour obtenir ensuite sans

discussion, et en paraissant céder, ce qu'elle voulait avoir de lui.

Dans la soirée du jour où nous avons vu Joseph Buchet avoir une légère altercation avec son père, madame la comtesse O'Flahers entra dans son salon vêtue avec une élégance qui faisait honneur à son goût. Sa robe bleue à falbalas allait fort bien avec son teint blanc et rose, et son fichu de dentelle de Malines d'un mat un peu jaune faisait ressortir la blancheur éclatante de son cou ; elle se plaça dans une bergère commode qui était disposée auprès d'un bon feu, et sonna. Un domestique entra et approcha d'elle un petit meuble élégant sur lequel elle

brodait au tambour. Peu de momens
après, les portes du salon s'ouvri-
rent, et madame la comtesse vit
paraître son noble époux. M. le
comte O'Flahers avait dans son costume toute la magnificence du siècle
de Louis XIV, et cette affectation
de parure le vieillissait un peu; il
salua gravement sa femme, jeta
brusquement son chapeau sur un
meuble, et vint s'asseoir vis-à-vis
madame O'Flahers.

« Madame, je vous avais fait dire
que je ne dînerais pas à l'hôtel ; aussi
je viens de Versailles. Je ne conçois
rien à ce qui se passe, madame ; on
parle de changemens, de forme nouvelle de gouvernement ; le tiers-état

lève la tête, tous les rangs sont con-
fondus ; enfin, croirez-vous que j'ai
rencontré le duc de L*** en frac et
sans poudre ? La machine politique
se détraque, madame ; je ne sais ce
que nous allons devenir. »

Madame O'Flahers ne haïssait rien
tant que de parler politique ; aussi,
fidèle à sa pratique constante, elle
se hâta de demander ce qu'il y avait
de nouveau au château ? qu'est-ce
que l'on disait du roi ? quelle nouvelle de la reine ? Le comte détourna
la conversation, il jeta ses regards
autour de lui, et dit :

« Où est votre fille, madame ? d'où
vient que je ne la vois pas ?

« — Eugénie est chez elle ; elle

m'a demandé la permission d'écrire
quelques lettres ce soir.

« — J'ai à vous parler d'elle, continua le comte. Vous êtes une O'Connor, madame, et vous approuverez
sans doute mes projets. Il y a vingt
ans, lorsque je fus en Irlande et que
j'eus le bonheur de vous connaître
et d'obtenir votre main, je fus pré-
senté à un de mes parens qui porte
le même nom que moi. M. O'Flahers
était alors capitaine dans un superbe
régiment irlandais ; nous avions
mêmes goûts, même âge ; un lien
naturel nous unissait, et nous nous
jurâmes une amitié qui ne s'est point
démentie. M. O'Flahers avait un fils
de deux ou trois ans alors ; c'est un

homme aujourd'hui; M. O'Flahers me demande ma fille pour son fils, qui est capitaine comme l'était son père, qui est riche et qui a un bel avenir; d'ailleurs nous ferons entrer ce jeune homme dans le service de France, et peut-être aurons-nous le crédit de lui avoir un régiment. Qu'en pensez-vous, madame? »

Cette résolution flattait l'orgueil national de madame O'Flahers, et elle consentit avec joie aux désirs de son mari.

« Mais, dit-elle, il faudrait y décider Eugénie.

« —Eugénie! dit M. O'Flahers avec étonnement.

« —Oui, reprit la comtesse.

« — Notre fille est trop bien née, madame, répondit avec emphase M. O'Flahers, pour ne pas suivre les volontés de ses parens. »

Madame O'Flahers avait l'esprit trop juste pour ne pas comprendre que ce que disait son mari ne signifiait absolument rien, et, quoique mère peu tendre, elle avait cependant trop d'orgueil maternel pour ne pas communiquer à M. O'Flahers les observations qu'elle avait faites ; elle mit donc de côté, dans cette occasion, sa tactique habituelle, et elle dit :

« Je ne pense pas, monsieur le comte, que ma fille épouse volontiers un étranger, parlant une autre langue qu'elle, élevé dans d'autres mœurs et dans d'autres habitudes que les nôtres.

«—Comment, madame, vous pensez que votre fille refuserait un homme de son nom et de sa race?...

«—Je le crains, monsieur.

«—Mais, pour quel motif? Aurait-elle une inclination?

«—Je le crains aussi.

«—Vous m'étonnez, dit le comte avec dépit. Parlez, madame, parlez.

«—Monsieur le comte, je ne veux point renouveler vos douleurs ni les miennes; mais vous vous souvenez quel est le compagnon que vous aviez donné au fils que nous avons perdu : vous le voyez tous les jours....

« —Joseph Buchet! dit le comte, le fils du portier!

« —Oui, lui-même; c'est un joli garçon bien tourné.

« —Je ne sais, dit encore M. O'Flahers, avec l'air insolent d'un homme qui regarde à peine autour de lui…. Vous trouvez, madame la comtesse?

« — Il y a mieux, continua madame O'Flahers; on prétend qu'il a parfaitement profité de l'éducation que vous lui avez fait donner, et on le cite comme un jeune homme aussi instruit qu'aimable.

« —Je ne vois pas où vous en voulez venir, dit le comte.

« —On me dit, poursuivit la comtesse, que Joseph, qui d'après vos

ordres voit familièrement Eugénie,
qui même lui donne des leçons, a
jeté sur son écolière un regard d'a-
mour, et... »

Ici, M. le comte, qui n'était pas
d'un caractère très-gai, partit cependant d'un éclat de rire si bruyant,
que c'était déroger en plein à sa di-
gnité habituelle.....

.... « Ah! madame la comtesse,
pardon, pardon, disait-il, pardon;
c'est qu'en vérité vous me dites là
une chose si extraordinaire..... Allons, madame, je vais vous répondre
sérieusement, si je le puis... Voyons,
madame, soyons de bonne foi, comment voulez-vous que le fils d'un
portier, qui encore est savetier, je

crois, lève les yeux sur mademoiselle O'Flahers ? Ce serait de la véri-
table folie, et les passions, quelque
folles qu'elles soient, ont cependant
une certaine logique; elles ne font
pas des choses ridicules, elles ne
s'attachent pas à l'impossible.

« —Mais, monsieur le comte, dit
madame O'Flahers, vous ne voyez
pas la chose naturellement; je crois
qu'il faut distinguer.

« —Allons, madame, dit le comte
en riant, distinguons. »

M. O'Flahers ne sortait pas des
préjugés étroits que lui donnaient les
bénéfices de la civilisation dont il
jouissait, et l'instinct féminin de sa
femme la faisait aller plus loin.

« Il y a impossibilité morale à ce
que ce jeune homme se persuade
raisonnablement qu'il puisse devenir un jour l'époux d'Eugénie; mais
la nature saute facilement par-dessus toutes ces considérations de naissance et d'éducation, et rien de plus
commun que de voir un jeune homme
ardent et instruit aimer une jeune
fille, quelle qu'elle soit, fût-elle la
fille d'une reine. »

Ce raisonnement était aussi juste
qu'exact; mais deux choses s'oppo-
sèrent à ce qu'il réussît auprès de
M. O'Flahers, sa fierté et son entê-
tement : l'une l'empêcha de croire
que le fils d'un savetier fût assez ar-
rogant pour oser lever les yeux jus-

que sur sa fille; l'autre lui défendait de céder à un autre avis que le
sien, et de croire que sa femme pouvait avoir raison contre lui. Il dit
donc à madame la comtesse que ses
craintes étaient chimériques, et dans
l'ardeur de sa conviction, il ne songea pas même à demander si sa fille
répondait ou non aux sentimens sup-
posés de Joseph. Dans ce moment la
porte du salon s'ouvrit, et mademoiselle O'Flahers entra.

Eugénie avait seize ans à peu près;
sa taille était médiocre, mais élan-
cée; le tour de son visage présentait
un ovale parfait, et rappelait la
figure de cette Diane antique dont
les traits sont fiers et délicats, et où

la grâce se mêle sur le marbre à un
sentiment de pudeur et de fierté;
elle avait le teint éblouissant de sa
mère, et de beaux cheveux châtains
qui tombaient en boucles naturelles
sur son cou. La mode qu'on suit de
nos jours commençait alors à s'introduire, et les jeunes personnes avaient
supprimé la poudre qui, auparavant, salissait leurs cheveux. Eugénie suivait cette mode naturelle, au
grand regret de son père, qui tenait
aux anciens usages. Une robe blanche descendait jusqu'à ses pieds, et
dessinait sa taille avec grâce; elle avait
dans sa démarche ce je ne sais quoi
d'attrayant et de séduisant, que notre
langue ne sait pas exprimer par un

mot, et que les Italiens ont appelé *desinvoltura*. Elle entra dans le salon avec une figure calme et un demi-sourire sur les lèvres ; mais si on l'eût examinée avec attention, on eût découvert sur son front des traces vagues de quelque chagrin secret ; on eût vu sous ses paupières transparentes et dans ses cils humides le passage récent de quelques larmes, et alors on eût facilement deviné qu'il y avait déjà quelque douleur dans les rêves de cette jeune fille, quelque chagrin secret dans ses pensées habituelles, et qu'elle était sortie de l'enfance pour entrer dans l'âge orageux des passions. Selon l'usage cérémonieux et sévère de ce que nous appelons aujourd'hui l'ancien régime, Eugénie salua respectueusement son père, s'inclina devant sa mère, et prit un siége pour se placer auprès d'eux.

« Vous avez donc fini votre correspondance ? dit la comtesse.

«—Oui, madame, » répondit Eugénie avec douceur.

Le comte lui dit alors : « Ma fille, je parlais de vous à votre mère.... nous faisions l'un et l'autre d'assez tristes réflexions. Il y a plus de cent ans que nos aïeux, attachés à la cause sainte des Stuarts, furent obligés de quitter leur patrie et de demander un asile à la France. Nous sommes devenus Français, mais tou-

jours attachés à la cause de la noblesse dont nous faisons partie. Aujourd'hui il paraît que cette noblesse
va être attaquée de nouveau, et
peut-être les serviteurs de Louis XVI
seront-ils un jour obligés de fuir
comme ceux des Stuarts. Dans la
lutte qui, je le crains, va s'établir,
mon âge m'empêchera de m'engager.
J'ai passé le temps des combats, je
n'ai plus de fils, et j'ai besoin de
repos pour mes vieux jours. Il est
donc probable que nous retournerons
dans cette pauvre Irlande, qui a été
le berceau de notre famille.

« — Nous quitterions la France,
mon père ? dit Eugénie en rougis-
sant.

« — Je ne dis pas cela, répondit M. O'Flahers ; mais, quoique cette résolution ne se présente à moi que dans un avenir lointain, je vois la chose comme possible : cependant votre sort m'inquiète, et j'ai cherché à le rendre doux et heureux, malgré les tempêtes qui nous entourent. Un parent de ma famille, M. le capitaine O'Flahers, auquel je suis attaché par les liens du sang et par ceux de l'amitié, me demande votre main pour son fils. Le père est riche, et vous savez la splendeur et la noblesse de notre famille : le fils est jeune, aimable, bien fait ; il est déjà capitaine dans un régiment au service de la compagnie des Indes, et sa

position militaire ne s'arrêtera pas là.
Il est vrai que ce mariage peut vous
faire visiter Madras, ou Seringapa-
tam, ou Pondichéry; mais, dans
ce cas, vous habiteriez un superbe
pays, et vous reviendriez en Europe
plus riche qu'une reine de France.
J'ai donc promis, vous pouvez regarder la chose comme terminée, et
vous bien persuader qu'avant trois
mois, au lieu d'être mademoiselle
O'Flahers, vous serez madame O'Flahers. »

Le comte était si habitué à ce
que ses désirs fussent des lois qui
passaient sans révision ni sans con-
trôle, qu'il ne s'imagina pas que sa
fille pût avoir une autre volonté que

1., 8.

la sienne, et que, sans attendre une réponse, qu'il ne regardait pas comme possible, il se leva, prit son chapeau, salua sa femme, sa fille, et sortit du salon pour passer dans ses apparte-mens.

Eugénie regarda sa mère sans dire un mot; elle était comme une personne, ou qui n'a point d'objections à faire, ou qui a pris son parti. Madame O'Flahers, faible, et craignant les passions violentes et les partis extrêmes, semblait désirer que sa fille ne s'expliquât pas; de manière que, lorsque Eugénie se leva de son siége, et, les yeux en pleurs, se jeta dans les bras de sa mère, celle-ci détourna la tête, et ne voulut pas

voir une exaltation dont elle ne dé-
sirait pas la confidence.

« Eh bien ! dit Eugénie dès qu'elle
fut seule, et que sa mère eut quitté
le salon, puisqu'on me force à prendre
un parti, nous le prendrons. »

CHAPITRE III.

Joseph Buchet supporta patiem-
ment la colère de son père, et ne
craignant seulement qu'une seule
chose, que le vieillard ignorait encore, s'éloigna silencieusement de
l'hôtel du comte O'Flahers, et
prit son chemin vers la rivière; il
allait chez le duc de B***, dont le

fils était un de ses écoliers : mais tirant sa montre, et s'apercevant
que l'heure de la leçon n'était point
venue encore, il s'arrêta vers le
Pont-Neuf, et se mit à se promener
sur les bords de la Seine qui n'é-
taient point encore garnis de quais.
Là, il repassa dans sa tête sa vie
entière. Fils d'un artisan, presque
d'un domestique, il avait été élevé
par charité ! M. O'Flahers lui avait
fait donner une éducation brillante,
d'abord pour qu'il fût le compagnon
du jeune Arthur, et, après la mort
de cet enfant, une bienveillance qui
ne s'était pas démentie lui avait
continué ce bienfait dont il était re-
connaissant. Maintenant rentré au-

près de son père, logeant sous le toit de son bienfaiteur, connaissant les préjugés de cet homme orgueilleux, il aimait sa fille, et mieux encore, il s'en était fait aimer, c'est-à-dire qu'il faisait à cet homme l'outrage le plus sensible et le plus sanglant pour lui, qu'il excitait nécessairement Eugénie à la désobéissance, et que, ou il quitterait Paris, il abandonnerait celle qu'il aimait en emportant dans son cœur le trait empoisonné, ou il exposerait cette jeune fille à la honte, aux remords, à la malédiction paternelle, et lui ferait quitter mère, père, fortune, pour l'amour et la pauvreté.

Appuyé contre un des saules qui bordaient la rivière, il avait ramassé une branche qui était tombée de l'arbre, et avec l'osier flexible, il frappait l'écorce luisante et argentée du tronc. Son esprit, quoique entreprenant et hardi, s'effraya d'abord de l'espèce d'ingratitude qui, au premier coup d'œil, paraissait dans sa conduite; ensuite les opinions nouvelles qui perçaient en France, les semences de liberté qui germaient partout, et qui avaient jeté dans son cœur de vives racines, lui suggérèrent une suite de raisonnemens qui tous tendaient à des conclusions favorables à son amour, et qui tranquillisaient sa conscience.

« Nous sommes tous égaux et libres, se disait-il, Dieu nous pétrit
tous du même limon; les hommes
seuls ont inventé des démarcations
stupides; ils se sont classés eux-
mêmes, et les forts ont pris la meil-
leure place; ils l'ont fait, mais ils
n'avaient pas le droit de le faire; je
puis donc en conscience ne pas accepter cet abus de leur force, ne
pas me courber sous leur despo-
tisme. Cependant la vertu élève
l'homme, tandis que le vice le rend
faible et petit. Le talent, la science
donnent de la supériorité, tandis
que l'ignorance rapproche de l'es-
clave et de la brute. Enfin, dans l'é-
tat de civilisation où nous nous trou-

vons, la propriété est un droit et la richesse un pouvoir : cela est vrai, et je l'accorde volontiers ; mais voyons, ne suis-je pas pur, moi et les miens ? quelle faute a commise mon père ? que peut-on reprocher au père de mon père ? Quelle tache, si légère qu'elle soit, a souillé la vie de ma vertueuse mère ? Sans doute M. le comte O'Flahers est un homme honnête et vertueux ; mais si dans les querelles royales où sa famille est entrée, on examinait soigneusement la conduite de tous ses ancêtres chevaliers qui chaussaient l'éperon d'or, combien de fois ne trouverait-on pas qu'ils ont fait de sanglantes blessures à la patrie ?

Moi, je suis pur, mon cœur ne bat que pour des sentimens vertueux ; je n'ai que des désirs honnêtes, je ne forme que des vœux patriotes... Le talent ! la science !..... J'ai du talent, du moins si je me compare à la plupart de mes concitoyens et à M. O'Flahers lui-même : il est vrai que ce talent je le lui dois ; eh bien ! si j'avais le bonheur d'épouser sa fille, elle profiterait de cette éducation que je tiens de son père, et ce serait une manière de lui prouver ma reconnaissance. »

Ensuite se répondant lui-même à sa dernière objection :

« Il est riche, disait-il, et moi je n'ai rien ; mais d'abord je ne lui demande pas sa fortune; je ne veux que sa fille; qu'il nous laisse elle et moi cachés dans un des greniers de cette grande ville. Là, l'amour embellira notre vie ; là, le travail nous donnera la fortune, et M. le comte pourra voir que j'ai mis à profit les talens qu'on m'a donnés. »

Quelquefois il croyait voir Eugénie devant lui, et il cherchait à dissiper de vaines frayeurs. Jeune et récemment échappé aux études du collége, il faisait de ces lieux communs que les écoliers amplifient avec tant de délices, et qui, dans ce temps-là, commençaient à passer dans la place publique; parce que les grands principes de la révolution de 89, à laquelle on touchait, reposent sur des vérités éternelles, qui sont tellement établies qu'elles sont devenues des lieux communs.

« Nous sommes tous libres, disait-il ; aimer est un sentiment involontaire qu'on ne peut maîtriser, et un père passe ses droits quand il s'oppose à une inclination honnête. Qu'il s'oppose à ce que le crime s'unisse à la vertu, à la bonne heure ; mais qu'il veuille éloigner l'un de l'autre deux cœurs vertueux, c'est une tyrannie, c'est un abus de sa force et de sa position. »

Enfin cette âme plébéienne, mais fière et hautaine, ne s'accommodait pas de la suprématie de la noblesse ;

quelque chose lui disait que sa vie entière ne s'écoulerait pas dans cet esclavage : mais Joseph était honnête, et quoique, comme nous venons de le voir, il accommodât son amour avec sa conscience, il y avait un point qui l'arrêtait, une voix qui chez lui criait plus haut que tous les raisonnemens, et qui jetait des remords dans son cœur.

« Je l'aime, se disait-il, oui, j'aime Eugénie avec fureur ; mais si je veux agir honorablement, il faut que j'instruise M. O'Flahers. »

Cette idée était fixe chez lui, il la regardait comme un devoir ; et cependant, quand il se représentait entrant chez M. O'Flahers et lui

ayouant son amour, lui demandant
la main d'Eugénie, un frisson subit
le saisissait, et il tremblait comme
l'enfant devant le pédagogue irrité
qui balance dans ses mains la fatale
férule. Plein de ces pensées, il fut
donner sa leçon, et regagna bien vite
l'hôtel pour voir Eugénie.

« Mademoiselle est sortie, dit le
valet de chambre, avec madame la
comtesse ; monsieur le comte est à
Versailles ; madame ne rentrera que
pour l'heure du dîner. »

Dans les combles de l'hôtel on
avait construit, d'après l'industrie
encore nouvelle de Mansart, de petites chambres, où l'art de l'archi-
tecte de Louis XIV, s'abaissant à

songer aux pauvres, avait dissimulé,
tant bien que mal, les lourdes solives
qui soutiennent la toiture d'une
maison ; c'était une des chambres
qu'habitait Joseph. Il regagna tris-
tement son modeste réduit, et s'en-
ferma pour songer à sa position. Il
se composait un avenir à lui. Sur sa
table était une carte géographique,
et son doigt errait sur les divers
pays du globe, et enfin s'arrêta sur
l'Égypte.

« Là, se dit-il, sont de vertes
oasis, entourées de déserts de sable;
le Nil serpente autour de leurs bords,
tous les oiseaux du ciel viennent s'y
abattre. Là, point d'orages, point de
préjugés. Dans les quelques lieues

qui forment leur enceinte croît l'aloès, pour le plaisir des yeux ; le maïs, blé du désert. Là des sources d'eau pure et un repos de tous les jours avec des nuits sereines. Oh ! si je pouvais jamais m'y cacher avec mon Eugénie, quelle vie d'amour et de bonheur nous y mènerions !... »

Ensuite l'impossibilité d'un projet pareil se montrait à lui ; les oasis sont si loin !

La journée s'écoula ainsi, flottant entre ses désirs, ses espérances et l'ennui de sentir que le bonheur désiré était sur un point du globe que ses yeux ne verraient probablement jamais.

Vers les cinq heures, comme le

jour commençait à tomber et que
Joseph était encore immobile, et les
deux coudes appuyés sur sa table,
il entendit, dans l'étroit corridor
de sa chambre, le frôlement d'une
robe, et il lui sembla qu'on glissait
quelque chose dans le trou de sa
serrure; il se précipita vers sa porte,
et l'ouvrit avec vivacité; mais le
fantôme s'évanouit dans l'ombre; il
prit alors le papier, et son cœur
palpita d'amour.

« Ce soir, au bout du jardin, lui disait-on, ce soir, à dix heures, je vous
accorde ce que je vous ai refusé
hier; c'est que j'ai à vous donner
des nouvelles qui nous regardent
l'un et l'autre. »

« C'est elle, pensa Joseph, voilà son écriture, voilà les lettres tremblantes qu'elle a tracées d'une main mal assurée... Oh ! mon Dieu ! qu'est-il donc arrivé? madame la comtesse aurait-elle deviné le secret de notre fatal amour ? M. le comte a-t-il lu dans les yeux d'Eugénie? Ce matin, tandis que mon père me parlait, j'ai vu le regard de ma mère se tourner vers moi; elle sait tout, peut-être. Ah Dieu ! »

Et en se parlant ainsi, il regardait fixement le faîte des arbres du jardin, qu'il dominait de sa mansarde, et il reconnaissait la place où le soir il verrait celle qu'il aimait. A huit heures il descendit chez son père,

et partagea le modeste repas du concierge de l'hôtel ; ensuite il remonta
chez lui, et attendit avec impatience
l'heure fixée.

« Pourquoi n'avoir pas dit minuit ?
pensait-il ; elle ne doit pas plus se
défier de moi à une heure qu'à une
autre, et son père eût été plongé
dans un sommeil plus profond. »

Il se répondait alors à lui-même :

« Ah ! c'est que M. le comte est
revenu de Versailles, fatigué, et
qu'il se mettra de bonne heure au
lit ; c'est que madame la comtesse est
indisposée, et qu'elle a besoin de
repos plus tôt que de coutume. »

Il se représentait aussi les chances probables de ce rendez-vous : si

M. O'Flahers venait les surprendre ! que dirait-il ? que ferait-il ? Comment soustraire Eugénie et lui-même à la juste fureur du comte ? Peut-être eût-il mieux valu retarder cette entrevue ; mais son amour ne s'arrangeait pas de cette timidité de sa conscience ; et plein d'une sorte d'effroi qui venait de sa tendresse , il attendait cependant avec impatience le moment marqué.

Enfin, les yeux fatigués par une tension trop continuelle, il crut apercevoir quelque chose de blanc sous les arbres du jardin ; il quitta sa chambre avec précaution, et se glissa dans le petit escalier, doucement, pas à pas, comme un voleur qui craint de donner l'alarme, et qui étouffe le bruit de ses pas. Parvenu dans le jardin, il se coula sous les arbres pour n'être point vu des fenêtres de l'hôtel, et arriva au lieu du rendez-vous. Eugénie n'y était point encore arrivée; ce qu'il avait vu, c'était une touffe de lis que le vent avait balancée, et qu'il avait prise pour la robe blanche de sa maîtresse.

Il passa quelques instans d'une attente pénible, écoutant tous les bruits, épiant la chute de toutes les feuilles, et maudissant les voitures qui traversaient la rue de l'Université, avec leurs juremens de cochers, leurs piétinemens de chevaux et leur fracas de roues. Enfin Eugénie arriva, tremblante comme la feuille des arbres qui couvraient sa tête, et pâle comme l'amante de Roméo, quand elle descend dans les tombeaux des Montaigu et des Capulet.

« Joseph ! dit-elle, Joseph ! en l'embrassant avec la naïve innocence d'un premier amour, Joseph, vous savez combien je vous aime et ce que je vous ai promis.

« — Eugénie ! Eugénie ! que je suis heureux d'être aimé de vous ! Mais que vous êtes coquette, lui dit-il, en serrant deux jolies petites mains dans les siennes. Depuis bien long-temps je vous demande la faveur de vous voir ici ; vous avez tou-

jours repoussé mes désirs, vous vous
êtes fâchée même et m'avez enjoint
de ne vous plus rien demander, et
maintenant vous m'accordez de vous-
même ce que je brûlais d'obtenir...
et c'est peut-être pour me rassurer
sur cette leçon que je ne vous ai pas
donnée.....»

Eugénie le regarda d'un air mé-
lancolique :

« Joseph, lui dit-elle, je vous
aime, et si j'ai refusé jusqu'ici de
vous voir dans ce lieu solitaire et à
cette heure, vous savez que je ne
l'ai fait que parce que c'est contraire
à tous mes devoirs; ainsi pourquoi
m'accuser de coquetterie? Je suis
venue, Joseph, parce que je vous

aime; que demain, dans la journée, je n'aurais peut-être pas pu vous parler, et que nos amours, cher Joseph, sont menacés d'un grand malheur, et d'un malheur que nous avions prévu et qui devait nécessairement nous arriver.

Alors Eugénie raconta les projets de M. O'Flahers, l'arrivée prochaine du parent qui devait l'épouser, ce qu'elle savait de l'opiniâtreté de son père et de la fierté de son caractère.

« M'aimez-vous toujours? dit Joseph.

«—Hélas ! oui, répondit Eugénie, je n'en pourrai jamais aimer un autre.

« — Eh bien ! lui dit Joseph, j'irai demain chez votre père, je lui dirai que je vous aime, et je lui demanderai votre main.

« — Ah ! dit Eugénie, il vous repoussera, il vous chassera de sa maison, et peut-être il me fera partir pour l'Irlande. »

Alors les deux amans se prirent à pleurer ; jeunes, ils ne voyaient dans le monde que leur amour, et ils ne comprenaient pas que sans la plus cruelle injustice on pût disposer d'eux et les séparer, et néanmoins ils sentaient qu'il était impossible que M. O'Flahers consentît à leur union.

« Ma mère, disait Eugénie, a, je

crois; deviné notre secret; elle est
bonne, mais je ne peux rien attendre d'elle, sinon qu'elle ne me mal-
traitera pas; c'est tout, parce qu'elle
est noble, et d'ailleurs habituée à
regarder les décisions de mon père
comme des lois. »

Joseph regardait la hauteur des
murs, cherchait autour de lui quel
appui il pourrait se faire pour parvenir jusques à leur sommet, et se
jeter dans la rue.

« Eugénie, lui dit-il, Eugénie,
venez avec moi, fuyez, nous irons
au bout du monde; je vous cacherai
dans quelque coin obscur où votre
père ne saurait nous atteindre, et
nous vivrons heureux. »

Puis, se reprenant, il ajouta :

« Je pensais à sauter avec vous par-dessus cette muraille ; mais il me vient une autre idée : je vais dans la loge de mon père, je sais où il met les clefs, je m'en emparerai, et nous gagnerons aisément la rue... Je suis riche, Eugénie, j'ai quatre cents livres. »

La jeune fille se prit à rire.

« Vous voulez m'enlever, dit-elle, me soustraire à mon père, à ma mère, et me rendre coupable d'une action qui influera sur toute ma vie, et vous me proposez un moyen d'enfant. Pourquoi fuir la nuit, comme des malfaiteurs qui se déro-bent eux et leur vol à tous les yeux.

Si je consentais à ce que vous désirez, qui nous empêcherait de fuir demain en plein jour ?

« — Consentez, disait Joseph, à qui l'amour faisait oublier ses résolutions de quelques heures auparavant, consentez ; dans un village auprès de Paris, je connais un prêtre qui nous mariera : ainsi votre conscience sera à l'abri, et demain nous serons unis.

« — Joseph, reprit-elle, je vous aime de toute mon âme ; mais je m'aperçois que j'ai plus de bon sens que vous. Jamais un prêtre ne s'exposera à la colère de mon père en nous mariant ; et d'ailleurs, malgré la loi qui s'humanise, vous seriez bientôt dans une prison et moi dans un couvent. »

Joseph s'arrachait les cheveux, et des larmes humectaient ses paupières. Cette noblesse, ces préjugés, qui avaient toujours blessé son orgueil d'homme, blessaient alors ses sentimens d'amour, et son cœur était brisé. Il se rapprocha d'Eugénie, et lui dit avec solennité :

« Tu as raison, mon amie, je viens de parler comme un enfant, et tu as plus de bon sens que moi, parce que la passion vient de m'égarer ; mais jure-moi que tu ne seras jamais qu'à moi, jure-moi que jamais tu ne prendras un autre époux, et je serai tranquille, j'agirai comme un homme. »

Eugénie fit ce serment.

« Maintenant, lui dit le jeune homme, rentre dans la maison de ton père; je ne veux point abuser de ta confiance ni de ton amour; je veux que l'épouse entre pure dans le lit de l'époux. Adieu, Eugénie, adieu.»

Il déposa sur le front de la jeune fille un chaste baiser, et vit partir Eugénie, qui s'échappa légèrement entre les arbres du jardin, et dont il aperçut encore quelques instans la robe blanche paraître, et puis disparaître tout-à-fait dans l'obscurité de la nuit.

«Va, dit-il, va, maintenant que

je suis sûr de toi, maintenant que j'ai tes sermens, je suis tranquille, et je puis braver la colère et les refus de ton père. »

Il se promenait soucieux dans le jardin, et roulait dans sa tête tous les projets aventureux.

« Ce n'est point un roman que la vie, se disait-il, c'est une triste et longue histoire qui se déroule lentement avec le fil de nos jours, et qui est remplie de peines, de travaux et de douleurs; la vie est un combat, surtout pour moi, que le hasard et une civilisation mal arrangée ont placé au bas bout de l'échelle. Eh bien ! puisqu'il faut conquérir par la force ou l'adresse ce qui cependant

était de droit, et ce que le despo-
tisme d'une caste nous a enlevé, nous
livrerons bataille; à demain le premier combat! »

Il leva les yeux; alors il vit la première lueur du crépuscule qui blan-
chissait le ciel, et regagna sa mansarde, où il se jeta sur son lit sans y
trouver le sommeil.

CHAPITRE IV.

Le lendemain, à dix heures du matin, Joseph Buchet, le cœur palpitant et le front légèrement pâli par l'inquiétude et l'insomnie, descendit de sa mansarde et se présenta devant l'appartement de monsieur le comte, où un valet de chambre se tenait constamment de planton.

« Monsieur le comte est-il visible,
demanda-t-il?

« — Oui, lui répondit-on. »

Il entra. M. le comte O'Flahers
était enveloppé dans une belle robe
de chambre à ramage, les pieds dans
ses pantoufles, et assis sur un beau
fauteuil de velours cramoisi aux bras
dorés; sa main feuilletait négligem-
ment un livre de blason, et de
temps en temps il donnait un coup
d'œil à son arbre généalogique.

Joseph Buchet ne pouvait pas choisir un plus mauvais moment, car
monsieur le comte était occupé à
composer le blason que porterait sa
fille quand elle serait unie à M. O'Flahers, et comme une chose résolue

était pour lui une chose faite, il
allait sonner pour envoyer chercher
son graveur. Sa figure était calme
et sévère, et, en voyant entrer Joseph,
elle ne subit pas la plus légère altération; il ne croyait pas un mot de
ce que lui avait dit sa femme, et il
n'était pas dans les choses possibles,
pour lui, que M. Joseph, le fils de
son portier, pût mettre le moindre
obstacle à ses desseins.

Joseph, de son côté, avait pris sa
résolution.

« Je suis autant que cet homme,
se disait-il, cela est dans ma conviction. Sa fille m'aime parce que je
l'aime, parce que c'est une chose
naturelle entre deux personnes du

même âge : je viens la lui demander. Je sais que mon père est savetier; mais, qu'importe! si nous sommes honnêtes et vertueux. Je ne viens blesser que des préjugés, et non des intérêts, parce que je ne marchande pas sa fille, je ne lui demande point de dot. Qu'il fasse ce qu'il voudra de son argent, de ses maisons, de ses châteaux; qu'il les jette dans la Seine, que m'importe! c'est sa fille seulement que je veux. D'ailleurs, tous les hommes sont égaux, on l'a dit au club. »

Cependant une légère altération se peignait dans ses traits, et il ne se sentait pas aussi fort que dans sa mansarde, quand il arrangeait dans sa tête le discours qu'il devait tenir.

« Ah ! vous voilà, Joseph, dit nonchalamment le comte, c'est très-bien ; j'allais sonner quelqu'un, vous me ferez une commission. »

Le rouge monta au front du jeune homme. Cependant qu'y avait-il de plus naturel que ce qui se passait? M. O'Flahers n'avait pas le ton plus haut ni plus fier qu'à l'ordinaire ; il avait une commission à donner, il voyait le fils de son portier, il l'en chargeait : quoi de plus simple ?

« Mais, continua M. O'Flahers, vous venez chez moi sans que je vous fasse appeler, vous désirez quelque chose peut-être?..... Ah! de l'argent... tenez... tenez... Joseph, » et sa main plongea dans le tiroir ouvert de son secrétaire, y prit une pile d'écus : il la présenta à Joseph. C'était encore une action qui marquait de la bonté. Le père Buchet était aux gages du comte ; le fils donnait des leçons à mademoiselle Eugénie, et quoique le prix de ces leçons ne fût pas fixé, il n'était pas entendu, sans doute, qu'elles fussent gratuites.

La rougeur du jeune homme redoubla, et il fit un signe négatif. M. O'Flahers remit son argent dans le secrétaire, et avec l'air grave, mais naturel, qui ne l'abandonnait jamais :

(127)

« Joseph, dit-il, il faut que je
vous fasse part du mariage d'une de
vos écolières. Mademoiselle O'Flahers, ma fille, se marie; oui, je la
donne à un O'Flahers. Tenez, regardez, sur mon arbre généalogique,
cet écusson deux fois blasonné d'a-
zur et de champ de gueules, ce sera
le sien; je voulais vous prier d'aller
chez un graveur, le premier venu,
n'importe, je veux avoir un cachet. »

A ces mots fatals, que M. O'Flahers prononçait avec une aisance
qui lui était tout-à-fait particulière,
Joseph pâlit d'abord, puis tomba
privé de sentiment sur le plancher.
M. O'Flahers sonna, et fit prodiguer
des soins à ce jeune homme, qu'on

inonda d'eau de Cologne et d'eau de la reine de Hongrie. Quand il fut revenu à lui, et que le valet de chambre se fût retiré :

« Qu'avez-vous, Joseph ? lui dit le comte ; qu'est-ce que cet évanouissement, cette visite, enfin, toutes ces choses inaccoutumées ? »

Joseph releva sa tête qui était tombée sur sa poitrine, et pâle, le front blanc et moite, les lèvres décolorées, les yeux éteints :

« M. le comte, dit-il d'une voix sourde, M. le comte, j'aime votre fille.

« Ma fille ! » dit M. O'Flahers, sans avoir l'air de comprendre positive-

ment le sens des paroles qu'il entendait.

Le malheureux jeune homme se
jeta à ses pieds; il se traîna jusques
à ses genoux pour les embrasser; il
tira de sa poitrine des sons déchi-
rans : ce n'était plus l'égalité de tous
les hommes qu'il réclamait; il n'a-
vait point le ton altier d'un homme
qui réclame des droits, qui parle
des devoirs de la nature, et qui dis-
cute froidement les préjugés de la
naissance; c'était un malheureux
dont l'amour est l'âme, dont l'a-
mour est la vie, qui accorde tout,
qui ne réclame rien que l'objet seul
de sa passion, et qui est éloquent
parce qu'il est vrai, qui touche,

qui remue, parce qu'il parle un lan-
gage que tous les hommes compren-
nent, et qui est dans le cœur de
tous les hommes. M. O'Flahers fut
un moment étonné; il fut ému : cet
homme dur, qui avait passé l'âge
des passions, et qui d'ailleurs avait
toujours été peu sensible, sentit ses
entrailles se remuer, et ne put faire
autrement que de jeter un regard
de compassion sur le malheureux
qui était à ses pieds, et qui semblait
devoir y laisser la vie; mais en re-
levant les yeux, ils rencontrèrent
son arbre généalogique; il s'étonna
de sa pitié, et, honteux d'y avoir
cédé, il se hâta de sortir de son cabinet, et après avoir confié Joseph à

son valet de chambre, il passa dans l'appartement de sa femme.

« Madame, lui dit-il, vous aviez raison : ce jeune homme, M. Joseph Buchet, aime votre fille.

« — Ah ! vous me croyez enfin, dit la comtesse.

« — Il faut bien vous croire, puisque le jeune homme est venu chez moi me le dire ; il y est encore.

« — Mais que veut-il donc ? dit la comtesse, qui partageait tous les préjugés de son mari.

« — Ce qu'il veut ? Eh ! parbleu, puisqu'il est venu me faire cette confidence, il paraît qu'il veut épouser ; mais comprenez-vous des idées semblables ? Un petit garçon de rien, le fils de mon portier..... Ah ! mais, madame, je vous vois venir, vous allez me reprocher de l'avoir fait élever; je ne veux pas entendre cela..... Voyons, c'est un grand malheur qui arrive dans notre maison ; mais heureusement le coupable est venu se jeter lui-même dans nos mains; je vais à Versailles.....

« — A Versailles? et pourquoi faire? dit la comtesse.

« — Mais pour avoir une lettre de cachet; nous tiendrons le jeune homme à la Bastille jusqu'au mariage d'Eugénie; c'est, je crois, le parti le plus sage.

« — Vous avez raison, M. le comte;

mais vous n'obtiendrez pas de lettre de cachet.

« — Je le crains. Sa Majesté est d'une bonté..... Ah ! je vais faire monter le père, je lui parlerai de la conduite de son fils, je lui conseillerai d'en faire un marin ; j'écrirai à Suffren, il le mettra à bord d'un bâtiment prêt à faire voile pour les Indes, et d'ici à Toulon, le lieutenant de police se chargera de M. Joseph. »

L'avis parut bon, et il fut adopté par les deux époux comme le seul parti qu'on pût prendre dans un cas pareil. Cependant, dit madame O'Flahers, il faut consulter Eugénie ; il est possible qu'elle aime ce jeune homme, et alors......

« Je vous entends, lui dit le comte, faites venir Eugénie ; mais laissez-moi faire. Nous nous trouvons dans des circonstances difficiles, madame la comtesse ; je vous prie de me per-mettre d'agir avec promptitude, parce qu'il faut que votre fille soit madame O'Flahers ; et si nous nous amusons à faire du sentiment, je crains que nous n'y parvenions ja-mais.

« — Je suis à vos ordres, M. le comte. » M. O'Flahers sonna, et il demanda qu'on mît les chevaux à la voiture de madame, et qu'on fît venir mademoiselle Eugénie.

Eugénie parut bientôt.

« Mademoiselle, lui dit-il, j'ai
eu ce matin à subir une scène assez
ridicule ; je suppose volontiers que
vous n'en êtes que le prétexte, et que
vous n'y ayez contribué en rien.
M. Joseph, le fils du portier, vous
aime ; je pense que mademoiselle
O'Flahers est trop bien née pour
avoir favorisé en rien un pareil
crime. Quand on a du bon sang dans
les veines, on ne s'abaisse pas jusqu'à un homme de rien ; mais je
vous avertis, pour que vous soyez
sur vos gardes, et que si jamais cet
homme ose encore vous parler, vous
évitiez jusqu'à la moindre fami-
liarité. »

M. O'Flahers avait prononcé ces

paroles avec cette confiance dégagée et insultante que l'aristocratie sait si bien prendre quand elle veut en imposer; mais son regard, fixé sur sa fille, disait assez ce qu'il pensait, et quelle importance il mettait à la réponse qu'il attendait.

Mademoiselle Eugénie, plus douce que son père, avait cependant quelque chose de son caractère décidé; sa jeunesse et son amour n'admettaient pas le mensonge; croyant voir, dans le discours de son père, le désir de l'humilier, et ne pouvant pas se dissimuler, d'ailleurs, le peu de cas qu'on faisait de l'homme qu'elle aimait :

« Je ne saurais vous mentir, mon

père, lui répondit-elle, je suis aussi coupable que Joseph, je l'aime, et jamais je ne consentirai à....

« —Comment! mademoiselle, s'écria madame O'Flahers.

« —Pardon, madame, dit le comte, en voyant que sa femme allait s'emporter, pardon, ne grondez pas Eugénie; elle se rendra à nos désirs avec du temps et de la réflexion. »

Il prit ensuite la main de sa fille, il la serra dans les siennes; il passa son bras autour de sa taille avec une affection de père, et lui dit :

« Je ne sais où nous en sommes ce matin, Eugénie; mais la vie est bien lourde pour nous : les contrariétés m'assiégent.... votre mère est malade, Eugénie ; je ne suis pas bien portant, et vous ne voulez pas augmenter notre malaise par des inquiétudes nouvelles, n'est-il pas vrai?... Allons, allons, nous parlerons demain de ces choses pénibles; aujourd'hui, écartons ces chagrins; nous sommes trop mal disposés pour les soutenir. Madame la comtesse a fait atteler, elle va faire quelques visites; vous l'accompagnerez, Eugénie, allez prendre votre mante. »

Eugénie, sans se douter des projets de son père, et accoutumée d'ailleurs à obéir à ses ordres, sortit pour se préparer à accompagner sa mère.

« Madame, dit aussitôt le comte,

il faut absolument parer à ce dan-
ger; votre fille est perdue si nous
hésitons. Vous allez la prendre avec
vous et la conduire au couvent des
Annonciades; vous l'y laisserez, et
comme ces dames ne prennent pas
de pensionnaires, on lui donnera
l'habit des novices.

« — Comment, monsieur, vous
feriez de votre fille une religieuse ?

« — Cent fois plus volontiers que
de la voir la femme de M. Joseph ;
mais il ne s'agit pas de cela : elle
prendra l'habit, et six mois, trois
peut-être d'une punition semblable
suffiront. »

Comme il achevait de parler, Eugénie entra, et bientôt elle partit avec sa mère.

Un moment après, monsieur le comte sortit lui-même; il prit le chemin de Versailles et fut chez le ministre de la guerre.

« Monseigneur, lui dit-il, je viens demander une faveur à votre excellence; jamais je ne vous ai rien demandé, et j'ai tout lieu de croire que vous ne me refuserez pas.

« — Je vous promets, monsieur le comte, que je ferai tout ce qui sera en ma puissance pour obliger un aussi bon gentilhomme que vous. »

Encouragé par cette promesse, M. O'Flahers raconta au ministre ses peines de famille. Il lui montra Joseph comme un jeune homme plein d'espérance et d'avenir qu'il avait fait élever ainsi que son propre fils, qui était apte à tout, et qui d'ailleurs avait une vocation pour la carrière militaire.

« — Ce jeune homme aime ma fille, Monseigneur, et vous sentez quelle tache une alliance pareille ferait au blason de ma famille.

« — M. le comte, lui dit le ministre avec un front rembruni, les lettres de cachet sont interdites, tous les moyens de force ne sont plus en ma puissance, et.....

— Je le sais, Monseigneur, lui dit M. O'Flahers, je le sais; je vois sur quel volcan nous sommes assis, et certes le peuple, avec ses désirs nouveaux, ses droits, comme il les appelle et qu'il réclame, nous donne à tous assez d'inquiétudes, et non content de troubler l'État, il jette le désordre dans les familles ; j'en suis un exemple, aussi ne vous demanderai-je pas ce que j'aurais sans doute obtenu dans des temps plus heureux : je viens, au contraire, vous faire une prière, qui, si vous y accédez, me tirera d'embarras, et vous donnera, ce que l'on appelle, je crois, aujourd'hui de la popularité.

« — Ah ! ah ! et comment cela ? reprit le ministre.

« — Le voici, monseigneur, je vous prie de donner une lieutenance......

« — A qui donc ?

« — A ce Joseph Buchet, Monsieur.

« — Le fils de votre portier ! Ah ! ah ! ah !... »

Et le ministre gentilhomme éclata de rire au nez du comte, et trouva cette idée si saugrenue, qu'il se tenait les côtés en répétant :

« Ah ! ah ! le fils d'un portier lieutenant ! ah ! ah ! la drôle de chose ; mais dans quel régiment placerons-nous ce beau gentilhomme ? »

Monsieur O'Flahers était, comme nous l'avons dit, un homme bon, quoique entaché d'orgueil nobiliaire, et peut-être, sans s'en douter, il aimait beaucoup Joseph, parce qu'il l'avait fait élever, qu'il le regardait comme son œuvre, et qu'on aime toujours son œuvre; d'ailleurs, ne pouvant pas employer la Bastille, il était forcé de faire du bien à Joseph pour s'en débarrasser; il fallait aussi prendre un parti décisif, pour que cette affaire ne s'ébruitât pas, et enfin la gaîté déplacée du ministre l'avait blessé, et avait irrité sa ténacité naturelle; il pensa donc qu'il ne fallait pas lâcher prise, et il redoubla d'instances.

« Monseigneur, dit-il, vous ne songez pas que les ordonnances qui exigeaient qu'un officier eût fait des preuves de noblesse sont rapportées. Depuis quelque temps en vertu de l'égalité des droits, tous les Français peuvent arriver à tous les grades de l'armée; c'est épouvantable, mais c'est ainsi; et je viens vous prier de profiter en ma faveur de cette nouvelle loi. »

Le ministre redoubla ses ris.

« Comment, dit-il, c'est vous, c'est le comte O'Flahers, qui vient me parler en faveur d'un roturier, qui vient me prier de faire entrer dans le corps des officiers un vilain ?

« — Eh ! puisqu'il n'y a plus de Bastille ! dit le comte excédé.

« — Ah ! vous avez raison, reprit le ministre, vous agissez fort bien ; tous les moyens sont bons pour se débarrasser de ses ennemis ; autrefois vous eussiez fait jeter l'insolent dans quelque oubliette, ou dans quelque couvent; là on lui aurait fait subir le sort d'Abailard, et tout eût été dit. »

Les insolences de ministre n'en sont pas moins des insolences; le comte le sentait, et il se contenait avec peine; enfin, la patience lui échappa.

« Autrefois, Monseigneur, dit-il, autrefois je ne serais pas venu chez un ministre; mais j'aurais fait appeler l'insolent dans ma justice seigneuriale, et je l'aurais fait pendre à un des créneaux de mon château. »

Le ministre, très-mal avec le peuple, et dont la chute était prochaine, ne voulait pas se faire d'affaires avec la noblesse; et quand il vit la colère du comte, il craignit de se faire un ennemi, et il chercha à répandre du baume sur les blessures que ses plaisanteries venaient de rouvrir.

« M. le comte, dit-il, parlons raison. D'abord vous voulez une lieutenance, et vous l'avez; vous pouvez considérer la chose comme faite.

« — Je vous remercie, Monseigneur, dit le comte en s'inclinant.

« — Mais, poursuivit le ministre, permettez-moi quelques observations. »

Monsieur le comte devint tout oreilles.

« Vous avez dit vrai, continua le ministre; les ordonnances qui interdisaient les grades militaires à la roture sont rapportées; mais nous n'avons pas fait encore grand usage de la loi nouvelle, et elle est très-loin d'avoir passé dans les mœurs, je veux dire dans les mœurs des gentilshommes d'épée qui sont sous les drapeaux.

« — Je sais cela, dit le comte.

« — Alors, Monsieur, reprit encore le ministre, qu'arrivera-t-il ? nous enverrons votre lieutenant, votre fils de savetier dans un régiment, et on ne l'y recevra pas; il se querellera, il tirera l'épée; mais la noblesse, qui sait qu'on ne peut pas soupçonner son courage, refusera le combat, pour ne pas se commettre avec la roture, et votre jeune homme, fatigué, excédé, abreuvé de dégoûts, brisera son épée, et reviendra à Paris.

« — Voilà qui est vrai, Monseigneur, dit 'le comte O'Flahers, en se frappant le front.

« — Il y a un moyen, dit le ministre.

« — Ah ! ah ! fit le comte.

« — Oui, il y a un moyen : M. le marquis de N*** part dans trois jours pour le Danemarck. Comme M. le marquis de N*** joint à sa qualité d'ambassadeur le grade de lieutenant général, nous donnerons une lieutenance à votre jeune homme, et il accompagnera le marquis en qualité d'aide-de-camp : le drôle sera bien habile si du Danemarck il fait la cour à mademoiselle O'Fla-hers, qui ne quittera pas Paris. »

En disant ces mots, le ministre prit un cartel gravé, où le sceau de l'État était déjà apposé; il écrivit, sous la dictée de M. O'Flahers, les nom, prénoms et l'âge de Joseph Buchet, et le nomma lieutenant, en vertu des pouvoirs que lui avait conférés le roi; ensuite il plia le parchemin en quatre, et le présenta gravement à M. O'Flahers.

« Ravi, M. le comte, d'avoir fait quelque chose qui pût vous être agréable. »

Le comte allait s'épuiser en re-
mercîmens; mais l'huissier, qui
veillait à la porte de son excellence,
annonça une danseuse de l'Opéra,
qui était en relation d'affaires d'une
manière très-suivie avec monseigneur le ministre; et M. O'Flahers,
qui aussi bien qu'un autre, connaissait la chronique scandaleuse de
la cour, se hâta de prendre congé
de peur d'être importun; il arriva
tout courant jusques à son carrosse,
et fit toucher à Paris, en recom-
mandant au cocher d'aller de toute
la vitesse des chevaux; il descendit
dans sa cour, et regagna son cabinet, en s'écriant :

« Joseph Buchet ! qu'on fasse

venir Joseph Buchet à l'instant. »

Dix domestiques coururent pour obéir à leur maître, et dans quelques secondes, Joseph Buchet fut devant son juge, devant celui qui allait disposer de ses destinées. Ce jeune homme était troublé; il avait suivi les mouvemens de la maison, et son amour avait pris l'alarme des remarques qu'il avait faites. Madame la comtesse était sortie avec sa fille, et peu d'instans après, M. le comte avait aussi quitté l'hôtel; madame O'Flahers étant rentrée seule, qu'était devenue Eugénie? Maintenant M. le comte rentrait à l'hôtel, et le faisait demander avec une hâte extraordinaire; quelle nouvelle allait-il donc apprendre? Il arriva devant le comte, pâle, les yeux défaits, et les cheveux en désordre. Le comte se hâta de parler.

« Monsieur, dit-il, avec une af-fabilité protectrice, Monsieur, je veux bien oublier la scène ridicule de ce matin; n'en parlons plus. Je vais vous prouver qu'un jeune homme que j'ai toujours aimé, que j'ai fait élever, et que je destinais à être le compagnon de mon fils, ne me sera jamais indifférent. Vous désirez être militaire, je le sais; eh bien! Monsieur, j'ai entendu vos vœux, j'ai profité de tous les avantages que vous donne le moment présent, et je viens de voir le ministre... Le roi vous nomme, Monsieur, lieutenant dans ses armées ; voilà votre brevet. »

En parlant ainsi, il déposa sur une table le brevet qu'il venait d'obtenir du ministre, et pressant le bouton d'une porte secrète, il se hâta de sortir de son cabinet. Joseph resta seul, interdit, étonné ; il ne savait si c'était un rêve ; il lisait ce brevet avec attention, il le relisait ; c'était bien lui, Joseph Buchet, qui était nommé lieutenant et mis à la disposition de M. le marquis de N***.

Alors sa jeune imagination s'ouvrit aux plus flatteuses espérances, et crut que ses rêves de fortune et de gloire étaient réalisés.

« Oui, dit-il, c'est cela même;
M. le comte O'Flahers est un pa-
triote, il sent comme moi que tous
les hommes sont égaux, et que la
naissance est un hasard qui, heureux ou malheureux, ne doit pas
influer sur le sort des hommes. Il
veut en fournir un exemple en moi;
il m'a fait élever, maintenant il me
pousse dans la carrière militaire.....
Mais sa fille que j'aime?... eh bien !
quand je lui ai demandé sa fille,
qu'a-t-il répondu? Rien. Je n'ai eu
ni un refus ni un assentiment, et
il est naturel que ma demande l'ait
d'abord chagriné; il avait d'autres
vues pour sa fille; mais il a consulté
sa femme, il a vu Eugénie, elle lui

a avoué notre amour; elle s'est jetée
à ses pieds comme ce matin j'ai fait
moi-même, et il s'est laissé atten-
drir; il n'a pas voulu briser l'amour
le plus vrai, le plus partagé et le
plus vif : alors il a réfléchi sur la
jeunesse de sa fille, sur la mienne;
il a calculé que je n'avais point encore d'état, et voici la première
preuve de ses bontés, je suis officier!..... moi, officier !... cela re-
culera sans doute mon mariage;
mais il faut donner quelque gage
pour posséder le trésor que je demande; il faut montrer du courage,
de la bravoure, de la fidélité; on
m'en offre les moyens, et je les sai-
sirai. »

Ainsi, plein de confiance et d'espoir, il sortit de ce cabinet se croyant au comble de ses vœux, et expliquant encore l'absence d'Eugénie d'une manière favorable à son amour.

« Je loge dans la maison, se disait-il, et il est naturel qu'un père prudent et qu'une mère vertueuse éloignent de leur fille l'occasion de voir un homme qui l'aime avec passion, et qui le lui dit toute la journée. »

Pauvre jeune homme ! comme il connaissait peu encore le cœur humain et l'orgueil héréditaire de ceux entre les mains de qui il avait mis son bonheur ! M. O'Flahers était un homme doux et vertueux ; madame

O'Flahers était bonne et compatis-
sante; tous deux aimaient beaucoup
leur fille, leur seul enfant, leur
unique héritière; mais ils eussent
mieux aimé la voir morte que de
l'entendre appeler madame Buchet,
que de la voir se souiller par une
mésalliance, et en la laissant entrer
dans le lit d'un vilain, enter
une branche commune et obscure
sur leur brillant arbre généalogique.

Mais Joseph ne raisonnait pas
ainsi; il courut à la loge de son père;
le vieux Christophe perçait de vieux
cuirs avec son alène toute noircie
de goudron; Marguerite, sa femme,
lavait sa vaisselle d'étain.

« Mon père ! ma mère ! s'écria Joseph, je suis officier.

« — Soldat, dit le savetier ; tu t'es engagé, Joseph ?

« — Tu t'es fait soldat ? dit la mère avec des larmes dans les yeux.

« — Officier ! officier ! répéta Joseph en montrant son brevet.

« — Notre fils est fou, » dit Christophe en regardant sa femme.

Christophe Buchet était un de ces hommes qui, vieillis dans la pauvreté et dans les humbles habitudes de toute leur vie, et s'en étant bien trouvés, parce qu'ils y ont amassé quelque fortune et y ont été heureux, finissent par croire que tout ce qui existe est bien, et qu'il faut

absolument que tout ce qui est, soit.
Ainsi, pour lui, il fallait qu'il fût
savetier et portier; il fallait que
M. O'Flahers fût maître et seigneur;
il fallait qu'il mangeât dans de la
terre, et M. O'Flahers dans de l'argent; il fallait qu'il tirât le cordon,
qu'il ouvrît la porte cochère, et que
M. O'Flahers entrât dans la cour
avec un superbe équipage; il fallait
encore que le même arrangement
subsistât après lui; que son fils fût
portier, et que les descendans de
M. O'Flahers fussent toujours riches,
puissans, maîtres et seigneurs; et si,
par hasard, Joseph, à qui on avait
donné, malgré lui, une éducation
remarquable, déviait de ce chemin

obscur et se plaçait dans un rang
plus élevé de la société, il regardait
cet événement, s'il arrivait (et il le
craignait), comme un événement
déplorable. Cependant faible comme
tous les hommes devant la fortune
et l'éclat du pouvoir, Christophe
Buchet était disposé à l'accepter en
frémissant, si jamais la déesse venait à frapper à sa porte sous les
traits de son fils. Sa femme, Marguerite, ne songeait point à la fortune ; c'était une pensée qui ne lui
arrivait sous aucune face. Ce qu'elle
aimait dans le monde, c'était son
fils ; pour lui elle n'aurait rien vu
de trop élevé ; mais elle ne le souhaitait ni riche, ni puissant ; elle le

souhaitait heureux. Son instinct de femme et de mère lui avait fait deviner l'amour de Joseph, et comme elle le regardait comme aussi dangereux que sans espoir, elle frémissait, de façon que lorsqu'elle entendit son fils dire qu'il était officier, elle s'effraya d'abord, et se réjouit ensuite d'un événement qui allait éloigner Joseph d'Eugénie.

Cependant le vieillard avait pris ses lunettes, et les avait mises magistralement sur son nez aviné; il avait déplié le vélin, et il lisait avec attention.

« C'est parbleu vrai, dit-il, il est officier, et lieutenant encore... Oh ! oh ! Marguerite, vois toi-même. »

La mère, qui ne savait pas lire, s'approcha cependant pour voir le grand sceau du roi, et elle regardait son fils avec complaisance.

« Et maintenant, dit le père, que vas-tu faire, Joseph?

« — Je vais aller chez M. le marquis de N***, ainsi que j'en ai reçu l'ordre, pour me mettre à sa disposition.

« — Va, mon enfant, dit le vieillard, puisqu'un fils de savetier peut devenir officier du roi.

« — Officier de la nation ! mon père, dit le jeune républicain, officier de la nation ! »

Et le jeune homme partit avec

l'ardeur et l'audace d'un nouveau défenseur de la patrie.

« Eh bien ! Christophe, qu'en dis-tu ? reprit la vieille Marguerite.

« — Je ne sais, dit le savetier ; ce que je vois de plus clair, c'est que notre fils va avoir l'épaulette, et qu'il ne renie pas son père ; au contraire, il a l'air de se faire gloire de l'échoppe du savetier. »

La vieille Marguerite se cacha la tête dans son tablier pour pleurer tout à son aise ; et quand elle se figurait son fils, beau, brillant, instruit, avec une épée au côté, elle commençait à croire, comme Joseph, qu'il n'y avait pas tant de distance entre lui et la fille de M. le comte O'Flahers.

CHAPITRE V.

Dans la rue Culture-Sainte-Catherine, s'établit jadis un couvent qui portait le nom des *Annonciades,* ou *Filles bleues;* avec ses fenêtres étroites et grillées, sa porte basse et ses hautes murailles, noircies par le temps, il occupait majestueusement un des côtés de la rue; de

vastes jardins permettaient aux religieuses de promener leur ennui
dans de belles allées. Là , les pensées mystiques des vieilles sœurs, les
soupirs étouffés des jeunes novices,
et toute la profondeur des intrigues
d'un couvent , s'élaboraient et mon-
taient vers le ciel avec des vœux,
en passant à travers les feuilles té-
nues et odorantes des arbres. De
vastes cloîtres, qui renfermaient un
grand nombre de cellules , des salles
immenses pour l'étude, pour la
méditation ou pour le réfectoire;
une chapelle magnifique, une in-
firmerie grande et aérée, distin-
guaient ce couvent, nombreux et
riche. Les religieuses priaient Dieu,

faisaient de petits ouvrages de femmes, qu'elles vendaient pour l'entretien de la chapelle, ou qu'elles donnaient aux nobles dames protectrices du couvent, et elles étaient toutes fières de la noblesse de madame la supérieure, ainsi que de quelques nonnes illustres, que l'aristocratie avait jetées là, ne pouvant s'en défaire honnêtement dans le monde.

« Nous avons, disaient les petites novices quand elles venaient au parloir, nous avons une alliée des Rohan ; c'est une jeune fille bien pâle ; il paraît qu'elle a été long-temps tourmentée par un amour mondain : maintenant c'est l'amour de Dieu qui la tourmente et qui la brûle.

« — Il est mort ici, il y a quatre ans, disait la supérieure avec orgueil, et en odeur de sainteté, une parente éloignée des La Trimoille; elle était de Touraine; ses joues étaient roses comme les fleurs qui naissent sous les pas de la Vierge, et ses cheveux blonds comme le lin dont était faite la robe de Notre-Seigneur Jésus-Christ. Quand elle est morte, la maison a été embaumée des plus douces odeurs. Oh! elle est dans le ciel, celle-là; c'était un ange. Grande sainte, priez pour nous ! »

Une robe bleue à grandes man-

ches larges formait tout le costume
de ces saintes filles ; une ceinture de
cuir noir, à laquelle pendait un long
chapelet, ceignait leurs reins, et
sur une guimpe blanche, elles avaient
encore un grand voile bleu ; c'est
de là que leur venait leur nom,
gentils oiseaux bleus descendus
du ciel, on ne sait trop pourquoi,
puisqu'elles se cachaient à la terre,
et n'utilisaient ni leurs repos ni
leur pénitence. Il n'entre pas dans
nos projets de dire ici du mal des
couvens ; c'est une question jugée,
et sur laquelle il est inutile de revenir. Les *Filles bleues* ou les *Annonciades* avaient donc tous les défauts
nécessaires à des religieuses. La su-

perstition, l'intolérance, les prati-
ques de la menue dévotion, le fana-
tisme pour un directeur, les amours
violentes, les haines profondes, le
caquetage éternel des recluses, puis
la peur de la mort, la crainte de
l'enfer, et ces momens où le joug
est si pénible que l'âme se révolte,
que l'esprit s'égare, et que l'on
nie Dieu, parce que les conditions
de l'existence sont insupporta-
bles. Tous ces défauts, ou pour
mieux dire tous ces malheurs, puisque le vice est un mal, tous ces
malheurs, dis-je, que la réclusion
crée, ou couve et développe, les
Filles Bleues ne les auraient pas
eus sans doute, si libres et heureuses,

elles eussent pu remplir le but de la
nature, et si des familles barbares
ne se fussent pas mutilées elles-
mêmes pour donner plus de vigueur
et plus de sève à un seul bourgeon.
Oui, sous des visages doux et pâlis
par le jeûne et la prière, il y avait
tous les vices, mais châtrés, mais
rendus impuissans par le régime lui-
même qui leur avait donné naissance.
Cependant quelques âmes candides
et pures s'étaient sans doute garan-
ties de la contagion, quelques vieilles
femmes vivaient vertueuses au milieu des vices du cloître qui les entouraient; mais ou elles étaient sou-
tenues par une mysticité rare, ou
l'âme s'était éteinte tout-à-fait dans

des corps fatigués des combats de la vie, et qui s'acheminaient au tombeau avec une insensibilité cadavérique.

Peut-être la jeune femme qui lit ces pages, le soir, entre deux draps et à la lueur vacillante de sa veilleuse, se propose-t-elle à elle-même une promenade dans la rue *Culture-Sainte-Catherine* pour aller voir le couvent des Filles – Bleues, ou du moins ses ruines. Qu'elle ne quitte pas sa demeure, ou qu'elle remplace cette course inutile par une promenade aux Tuileries; il ne reste plus rien du couvent des Filles–Bleues; un des bienfaits de la révolution de 89 a d'abord été de faire ouvrir les

couvens, et les religieuses se sont
envolées ; ensuite, le marteau a été
mis dans ses murs antiques, et les
pierres ont roulé les unes sur les
autres : tout a disparu, et cellules,
témoins de tant d'ennuis et de tant
de pleurs, et vaste réfectoire, et magnifique chapelle. L'*in pace* même !
cet *in pace*, dernier degré de la
puissance d'une mère abbesse, parce
qu'après la mort il n'y a rien dans
ce monde, l'*in pace* a été fouillé ;
l'air y a pénétré de tous côtés, le
jour y est entré par torrens, et, s'il
faut le dire, on n'y a trouvé ni ca-
davres, ni squelettes, ni chaînes
pesantes, ni instrumens de torture ;
ce qui prouve ou que les religieuses

ont su faire disparaître les preuves
de leurs cruautés monastiques, ou
qu'elles ne se vengeaient pas. Il ne
faut pas croire non plus qu'on ait
planté du sel dans le lieu qu'habi-
taient les Filles-Bleues, ou qu'on y
ait semé des pierres et laissé croître
l'ivraie et le chardon; nous sommes
dans un siècle où l'on entend mieux
ses intérêts, et l'on sait davantage, à Paris, la valeur d'un arpent,
d'une perche et d'une toise. Le couvent fut détruit, parce que c'était
un bâtiment construit de manière
à ne pouvoir pas être facilement
utilisé; la nation trouva plus de
profit à vendre les matériaux et le
terrain, et elle prit, avec raison,

ce dernier parti. Maintenant, allez dans la rue Culture-Sainte-Cathe-rine, vous n'y trouverez rien qui rappelle un couvent; mais quelqu'un d'habile à connaître Paris et à dis-tinguer le vieux du nouveau, vous montrera aisément trois maisons su-perbes, ayant cours et jardins, et dont le commerce s'est emparé; là où les religieuses poussaient des soupirs dévots, on entend mainte-nant le son harmonieux des écus; autrefois une fille bleue répondait *ave*, ma sœur; aujourd'hui un jeune commis vous dit :

« Montez au premier, dans le ma-gasin à gauche. »

Les cris, les jurons des charretiers remplacent les doctes et suaves exhortations du directeur; les cellules sont devenues des chambres propres et habitées par de jeunes femmes. Il y avait là de saintes filles qui soupiraient sans savoir pourquoi, qui se livraient à tous les rêves stériles de leur imagination : il y a aujourd'hui de jeunes femmes qui font gaillardement l'amour, qui ont des enfans et qui les élèvent ; des jeunes gens qui travaillent, qui s'amusent, qui lisent *le National*, *le Courrier Français*, qui sont de la société des *Amis du Peuple*, qui sont de bons citoyens ayant cocarde tricolore et chapeau gris. Lequel vaut mieux ?

Dans le jardin de l'une de ces trois

maisons dont je parle, on remarque
un arbre que la cognée a épargné :
c'est un grand et long bouleau qui
plie au vent, et laisse voir son écorce
gercée, mais blanche et luisante ; il
ombrage encore le derrière d'une
de ces maisons, et par une fenêtre
on peut toucher à ses branches :
dans un malheur imprévu, dans un
incendie, par exemple, on pourrait
aisément se laisser glisser entre les
branches et se sauver ainsi du dan-
ger. Guillaume, le commissionnaire
du coin, qui fait les commissions de
la maison, le regarde souvent, et
pense que si Justine (une grosse
fille qui loge au troisième et fait la
cuisine d'un vieux garçon) voulait

bien lui permettre de causer cinq
minutes avec elle, à une heure après
minuit, quand tout dort et que le
vieux monsieur est enveloppé dans
ses triples rideaux, il monterait facilement jusqu'à elle et se trouverait près du lit de la jeune fille
sans qu'elle eût besoin d'ouvrir sa
porte.

On a appelé cet arbre l'*arbre de
la novice*.

Pourquoi ?..... Voilà ce qu'on ne
sait pas généralement. Il y avait
bien une vieille portière qui préten-
dait pouvoir expliquer ce mystère ;
mais elle répugnait à faire cette histoire, et d'ailleurs elle est morte
depuis deux ans. La population de

Paris est si mouvante, semblable
aux flots de la mer, elle a tellement
l'habitude d'aller d'une place à une
autre, que c'est un miracle que de
trouver dans un quartier quelqu'un
qui l'habite depuis quarante ans.
Le vieux rentier ne meurt pas à
Paris, il y fait trop cher vivre; il se
retire à Saint - Germain ou à Man-
tes, ou à Orléans, ou à Pontoise;
l'immobile épicier lui - même n'em-
porte pas son magasin, il est vrai,
mais il vend son fonds et va planter ailleurs son piquet. Le pourquoi du nom
de cet arbre est donc un mystère...

L'abbesse du couvent des Annonciades était, comme madame O'Flahers, d'une famille irlandaise; son

aïeul était venu en France à la suite
de la reine d'Angleterre, et son
grand-père avait péri à Fontenoi.
Élevée dans une maison très-noble
et très-pauvre, elle avait pris le
voile à dix-huit ans et ne connaissait d'autre vie que celle du couvent,
d'autres règles que celles du cloître,
d'autres devoirs ni d'autres passions
que ceux qu'on y reconnaît et qui
s'y engendrent. Son nom, sa noblesse la firent choisir pour supérieure par un clergé qui regardait
le titre d'attaché à la famille des
Stuarts et de jacobite, comme un
droit aux faveurs de l'Église ; depuis dix ans, elle gouvernait le saint
troupeau de ses religieuses, et comme

elle était d'un caractère doux, quoique étroit et mesquin, elle n'appe-
santissait pas trop sa houlette sacrée
sur ses ouailles; cependant elle n'a-
vait pas trouvé le secret de se faire
aimer.

Agée de quarante ans, petite et
toute ronde, la mère Sainte-Ursule
(c'était son nom de religion) ne ressemblait pas mal, avec sa robe bleue
et sa guimpe blanche, à une fraîche
hôtelière qui fait valoir son vin, et
partage volontiers l'écot avec ses pra-
tiques; ses yeux ronds et vifs se re-
levaient avec une certaine hardiesse
qu'ils tenaient de l'habitude du com-
mandement; son front rose humec-
tait d'une moiteur légère son ban-

deau virginal, et on remarquait sur
une de ses mains potelées une bague
d'or sur laquelle était étendue la figure du Christ; une croix d'or pendait aussi sur sa poitrine. Sa figure
était joviale et point spirituelle, quoiqu'on y remarquât quelque chose de
la finesse et de l'instinct défiant du
chat; joviale et causeuse, elle prenait la religion avec la gaîté d'une
personne familière avec tous les mys-
tères, toutes les macérations, tous
les jeûnes et toutes les privations;
parce qu'une abbesse, qui ne reçoit
d'ordres de personne, s'exempte facilement des règles qu'elle fait observer, et que d'ailleurs le médecin
du couvent a mille moyens d'adoucir

les douleurs de la pénitente, et qu'il y a toujours entre un médecin et un directeur de nonnes une collusion qui tourne au profit de l'abbesse et de celles qu'elle protége. La mère Sainte-Ursule avait une excellente table, parce qu'elle avait un estomac exigeant, et le maigre, d'ailleurs, n'est fatigant que pour les gens pauvres : or le couvent était riche. Elle dormait long-temps, parce qu'après matines, une mère abbesse dispose de ses matinées, et qu'elle peut, à son gré, se remettre entre deux draps ou lire la Somme de saint Augustin. Le reste du jour elle descendait au parloir, où elle se mettait en communication avec le monde au-

tant qu'elle le pouvait, et le soir,
elle appelait auprès d'elle ses religieuses les plus chéries. On chantait
des cantiques, on médisait des religieuses que la supérieure n'aimait
pas, et ensuite, après avoir paru à
la chapelle pour le dernier office et
la prière du soir, on retournait à sa
cellule, et on s'endormait dans la paix
du Seigneur. La mère Sainte-Ursule
avait quarante ans; il y avait par con-
séquent vingt-deux ans qu'elle me-
nait cette vie benoîte et confite, et
qu'elle s'engraissait dans cette ascé-
tique oisiveté. Reine et maîtresse ab-
solue dans son couvent, il y avait cependant deux choses qui troublaient
sa vie et lui faisaient sentir les soucis

du pouvoir : la première était monseigneur l'archevêque de Paris, auquel il fallait plaire, et dont le suf-
frage et les bonnes dispositions étaient
indispensables à la prospérité du couvent; monseigneur l'archevêque de
Paris, sans avoir un droit tout-à-fait
direct sur les affaires temporelles du
couvent, avait cependant le droit
d'éloge ou de blâme, et pour un couvent le blâme d'un archevêque peut
aller loin. Ce prélat permettait ou
refusait à son gré d'accepter tel don,
donnait licence de placer un tronc
dans la chapelle ou le faisait retirer,
autorisait ou défendait une quête,
accueillait une dépense ou la blâmait,
et ce ne sont pas là de petites affaires.

I.   16

« Que dit monsieur de Paris? demandait continuellement la mère
Sainte-Ursule; que fait monsieur de
Paris? comment se porte monsieur
de Paris? j'ai ouï dire que monsieur
de Paris jaunissait, qu'il maigrissait,
qu'il pâlissait; Dieu conserve monsieur de Paris! »

Quand monseigneur l'archevêque
daignait faire une visite au couvent,
alors tout était en l'air, et à la joie
de recevoir le pasteur se joignait,
pour la supérieure, l'incertitude inquiète que quelque chose ne le
blessât, que ses yeux ne trouvassent
quelque chose à reprendre, et que
sa parole, au lieu d'être douce et
suave comme la manne, ne fût amère

comme les eaux du désert avant que
Moïse ne les eût touchées de sa ba-
guette. La chapelle était ornée des
plus beaux tissus , le parloir recou-
vert des plus fins tapis , et tous les
lieux où monseigneur l'archevêque
devait pénétrer étaient jonchés de
fleurs , l'encens fumait , les plus
suaves odeurs étaient prodiguées , et
enfin une collation splendide était
préparée. Après la visite pastorale ,
la mère Sainte-Ursule n'avait qu'un
mot à la bouche , ne faisait qu'une
question :

« Monsieur de Paris est-il content ? »

Le second souci de l'abbesse lui
venait des nobles dames protectrices

du couvent; elle les ménageait parce
qu'elle en recevait des présens con-
sidérables, et qu'à leur mort, elle
en attendait des legs; mais elle re-
doutait leur visite, et surtout le fu-
neste usage qui leur permettait l'entrée du couvent, et leur donnait
accès jusque dans la cellule même
de l'abbesse.

Ces dames, dont la direction, sur
la fin du règne de Louis XVI, fati-
guait tant la mère Sainte-Ursule,
étaient des femmes dont la jeunesse
dissipée s'était écoulée sous le règne
de Louis XV vieilli, et qui, compa-
gnes et complaisantes de la Du Barry,
avaient largement participé à la cor-
ruption du monarque, de ses maî-

tresses et de la cour entière : vieillies dans le vice et la dissolution, elles n'avaient pris le parti de se jeter dans la dévotion que parce que le vice n'en voulait plus, et que d'ailleurs la conduite austère de Louis XVI imposait à la cour des devoirs nouveaux. Le premier besoin des nouvelles dévotes, en affichant une nouvelle vie, avait été de s'introduire dans les couvens, d'en épier les secrets et les habitudes, soit pour les tourner en ridicule, soit pour les réformer, et cela déplaisait à l'abbesse, qui savait que, dans l'ardeur du perfectionnement, ces dames s'adressaient à l'archevêque. Ces nouvelles recrues de la dévotion avaient

aussi une autre manie, celle du pro-
sélytisme. Nul n'est dévot sans cela ;
elles cherchaient à convertir des
âmes à Dieu, et comme les juifs et
les protestans sont tenaces, et qu'on
ne leur arrache pas facilement des
abjurations, elles s'adressaient à de
jeunes filles pauvres et obscures pour
les faire entrer en religion, leur
donnaient une dot, et répandaient
dans le monde le bruit de ces con-
versions miraculeuses. Une vieille
marquise avait ainsi séduit sa femme
de chambre, et l'avait présentée au
couvent des Filles-Bleues. Une femme
de chambre ! tout le sang aristocratique de la mère Sainte-Ursule avait
frémi dans ses veines ; mais que faire

dans un moment où toute la noblesse était attaquée? quand on arrivait avec une femme de chambre et
une dot....

« Ma mère, disait la marquise
convertisseuse, c'est une bonne fille,
qui travaille très-bien, douce, bonne,
et qui me servait à merveille; mais
Dieu l'a touchée.

« —Mais, Madame, répliquait l'abbesse, nous avons eu ici des La Tré-
mouille et presque des Rohan, nous
avons des demoiselles qui portent de
beaux noms, je suis moi-même d'une
noblesse très-distinguée, et... et une
femme de chambre !

« —Encore un peu d'orgueil mondain, ma mère, lui répondait-on,

un peu d'orgueil mondain.... Non,
ma mère, il ne faut pas raisonner
ainsi, il faut laisser au peuple le
couvent, pour que lui nous laisse le
monde...Savez-vous que le peuple en
veut à la noblesse?... eh bien, nous
lui abandonnons le clergé, et nous
garderons l'armée; nous les ferons
prêtres, religieuses, robins même s'il
le faut : que le peuple ait la robe,
passe; mais l'armée, jamais. »

Alors la mère Sainte-Ursule levait
au ciel ses yeux ronds, et mettait
cette croix aux pieds de son Créateur.

Cependant madame la comtesse
O'Flahers monta dans son carrosse
avec sa fille, et dit au cocher de toucher aux Annonciades.

« Comment, Madame, dit Eugénie avec un peu d'inquiétude, nous
allons aux Filles-Bleues ?

« — Oui, Mademoiselle, » reprit
la comtesse, furieuse de l'aveu qu'a-
vait fait sa fille, et irritée des idées
que présentait à son imagination
l'union d'une O'Flahers avec le fils
d'un savetier.

Le carrosse roula jusque dans la
rue Culture-Sainte-Catherine, sans
que madame O'Flahers ouvrît la
bouche, et Eugénie eut tout le temps
de se livrer à ses pensées.

« Mon père n'est pas par trop fâ-
ché, pensait-elle ; je m'attendais à
des éclats de colère, à des malédic-
tions ; il a été doux et bon... Me

permettrait-on en effet d'épouser
Joseph? Tout ce que j'entends dire
autour de moi, toute cette rumeur
d'un peuple entier qui s'élève contre
la noblesse, tout cela aurait-il fait
changer les opinions de mon père?
voudrait-il se concilier la faveur po-
pulaire en me donnant au fils d'un
homme du peuple? »

Le bon sens naturel d'Eugénie
s'opposa à ce qu'elle adoptât cette
idée; mais malgré elle et conduite
seulement par l'instinct d'une jeune
fille amoureuse, elle en vint à se persuader que son père aimait beaucoup
Joseph, et qui pourrait ne pas l'aimer?.. D'ailleurs, M. le comte l'avait
vu naître, l'avait élevé, et il voulait

couronner tant de bienfaits en lui donnant sa fille. Cependant elle regardait sa mère ; elle voyait les veines de son cou gonflées, ses yeux qui erraient d'un endroit à un autre sans se fixer sur aucun objet, quelques mots brefs et sans suite qui s'échappaient de sa bouche, et, enfin, toutes les marques d'une fureur concentrée ; mais elle connaissait aussi parfaitement les opinions et les préjugés de madame O'Flahers : il était possible que le comte, qui aimait Joseph, eût, pour ce mariage, voulu forcer la main à sa femme, et alors cette colère était expliquée. Ensuite, revenant de ses illusions, elle se demandait comment il serait possible que son père renonçât à l'unir à son parent, ce monsieur O'Flahers, qui devait venir d'Irlande; mais cela même était peut-être une ruse de son père, qui voulait connaître ses véritables sentimens, ou éprouver la force d'un amour dont sans doute il se doutait.

Enfin, elle se rassurait par une chose qui l'avait inquiétée d'abord, cette visite aux Annonciades, et cela parce qu'elle connaissait le caractère de sa mère; si, en effet, monsieur O'Flahers avait résolu, malgré sa mère, de la marier à Joseph Buchet, madame O'Flahers était capable de venir prier la mère Sainte-Ursule de faire dire une neuvaine pour que le ciel changeât la résolution de son mari.

Madame O'Flahers et Eugénie arrivèrent bientôt à la porte du couvent; là, le hasard d'une circonstance bien ordinaire vint de nouveau troubler Eugénie. Au moment où la voiture s'arrêta, une noce passait dans la rue : c'était un jeune ouvrier qui sortait de l'église voisine, et qui, donnant le bras à son épousée, cheminait gaîment vers la maison, ou, pour mieux dire peut-être, vers le taudis nuptial. L'époux était jeune et frais; il avait l'œil de poudre dans les cheveux, les gants blancs, le bouquet à la boutonnière, et l'habit de drap fin, ma foi. La jeune épouse était jolie et colorée , avec son jupon court, son casaquin rouge et son papillon de diamans, elle avait la figure lutine et agaçante, mais lutine comme un enfant et agaçante comme une jeune fille à laquelle monsieur le curé vient à peine de dire : Tu es femme. Les parens et les amis suivaient tous joyeux, et au moment où Eugénie descendait de voiture, la jeune mariée passa auprès d'elle, et cette jolie figure si gaie prit une teinte de tristesse; ses yeux si rians eurent l'air de se mouiller de quelques larmes; elle jeta ses regards sur les hautes murailles pour les laisser retomber sur Eugénie.

«Encore une! » dit-elle à son nouvel époux.

Le jeune ouvrier comprit parfaitement tout ce que sentait sa femme, et ce qu'elle voulait dire ; il regarda à son tour Eugénie.

« Quel dommage ! dit-il ; elle est bien belle ! » et la noce passa.

«Comment ! se dit Eugénie, elle me prend pour une future religieuse ? Est-ce qu'elle imagine que je vais... »

Dans ce moment elle avait déjà franchi la porte du couvent, et quand elle l'entendit se refermer en criant sur ses gonds épais, elle tourna la tête vers sa mère, et elle crut voir un sourire de satisfaction sur des traits que naguère la colère venait de gonfler.

Madame O'Flahers se fit précéder par une sœur converse, et se dirigea lentement vers la cellule de la mère Sainte-Ursule. La comtesse était une des dames à qui des aumônes abondantes et une piété de tous les jours avaient ouvert le sanctuaire sacré.

Irlandaise comme l'abbesse, et même alliée à sa famille, quoique de loin, elle était reçue avec empressement et considération. Tout ce que le luxe le plus recherché, quoique en apparence le plus simple, peut produire, était prodigué dans la cellule spacieuse et commode de la mère ab-

besse: ici on voyait un lit bien douillet,
plus loin un prie-dieu garni d'un épais
coussin, une ottomane bien soyeuse
et bien élastique, des fauteuils com-
modes, et, suspendus aux murailles,
des tableaux qui représentaient de
belles vierges ou de beaux saints,
grands martyrs, qui présentaient aux
bourreaux de Commode ou de Dioclé-
tien leurs membres nus et muscu-
leux. La mère Sainte-Ursule était
assise dans un grand fauteuil, et avait
devant elle une table couverte de
gâteaux, de confitures, de sirops ;
presque accroupie à ses piéds, une
jeune religieuse la servait, lui ver-
sait à boire et lui coupait les morceaux. Dès qu'elle vit entrer madame

O'Flahers, son visage, toujours épa-
noui, s'épanouit encore davantage.

« *Ave*, ma sœur, lui dit-elle d'a-
bord, soit par habitude, soit pour se
donner un air de simplicité qu'elle
ne haïssait pas; puis elle ajouta : Eh
bon jour, madame la comtesse, que
le Seigneur soit avec vous! que notre
Sauveur vous comble de ses grâces!»

La jeune religieuse s'inclina.

« Nous avons toujours besoin des
grâces du Seigneur, dit madame
O'Flahers, et surtout à présent.

« —*Amen*, dit la mère abbesse;
comment se porte, continua-t-elle,
notre parent le comte O'Flahers, et
cette jeune fille que le Seigneur semble protéger de son aile, et à qui il

dispense tous les jours avec plus de profusion les trésors de la santé, de la beauté et de la sagesse? car, Dieu soit béni ! Mademoiselle a embelli depuis que je ne l'ai vue. »

Eugénie baissa les yeux, et madame O'Flahers jeta un coup d'œil significatif à l'abbesse pour arrêter des éloges importuns dans ce moment.

« Vous me surprenez dans un moment où j'obéis à la nature, où je cède à des besoins terrestres que je satisfais; permettez-moi de vous offrir quelques sirops; veuillez goûter ces fruits confits; tous ces plaisirs sont permis; Dieu n'en défend que l'abus, mes sœurs. »

Et la mère Sainte-Ursule présenta ses fruits avec un abandon si naïf et si facile, que madame O'Flahers ne pût se refuser à y goûter, et qu'elle engagea Eugénie à en manger. La sainte mère s'en bourra, en donna tant que celle-ci en voulut à sa religieuse favorite, et fit très-bien les honneurs de son goûter. Après qu'on eut mangé les fruits les plus savoureux, et qu'on eut bu les sirops les plus parfumés, madame O'Flahers fit à l'abbesse une certaine petite grimace que celle-ci comprit parfaitement, et alors s'adressant à sa religieuse :

« Lève-toi, sœur Sainte-Camille, lui dit-elle en la tapant légèrement

sur la joue ; c'est l'heure du chœur,
je t'en dispense. Mademoiselle a sans
doute envie de se promener sous nos
grands arbres, sois-lui bonne compagnie.

« — *Amen*, notre mère, » dit la
religieuse en se levant et en baissant
les yeux.

L'abbesse, dont la voix était assez
douce, avait cependant mis dans son
accent quelque chose de si impéra-
tif, qu'Eugénie, en obéissant à cette
politesse, fut néanmoins irritée de
la fermeté de ce ton, qui était nouveau pour elle ; elle suivit la compa-
gne qu'on lui donnait en se disant :

« Voici l'instant des confidences
entre ma mère et l'abbesse ; on va

dire bien du mal de moi; on va bien maltraiter ce pauvre Joseph, et puis on va mettre dans le tronc des religieuses sept ou huit louis pour faire dire des messes, des neuvaines, pour faire brûler des cierges afin que je n'épouse pas Joseph, et que je ne souille pas par ce mariage l'antique honneur de notre noble maison. »

La jeune fille se trompait; on ne devait parler dans cet entretien mystérieux ni de neuvaines, ni de cierges; il s'agissait bien d'une autre affaire! Madame O'Flahers était menacée dans son amour-propre, et elle s'était décidée à prendre un parti vigoureux; son mari d'ailleurs l'approuvait et l'y poussait.

« Madame, dit-elle à l'abbesse,
je puis enfin vous parler.

« — Oui, ma fille, répondit l'abbesse en avalant encore une gorgée
de sirop.

« — Vous voyez une mère bien
malheureuse ; le maudit esprit philosophique qui s'est emparé de la
société porte ses fruits, et il a atteint
jusques à ma fille. »

L'abbesse, qui n'était ni dialecti-
tienne, ni spirituelle, ni théologienne
comme sainte Thérèse, mais qui savait qu'au mot de philosophie, d'esprit philosophique, un membre du
clergé, de quelque sexe qu'il soit,
doit se récrier et froncer le sourcil,
lui répondit aussitôt :

«L'esprit philosophique! ma fille, vous avez raison; mais soyez tranquille, Dieu a dit : L'impie ne fera que passer sur la terre.

« — Ma mère, reprit madame O'Flahers, voici le fait : Monsieur le comte a eu la sottise de faire élever comme un gentilhomme le fils de son portier, le fils d'un savetier. Ce jeune homme en sait autant que nous maintenant, et peut - être plus... Croirez-vous qu'il a poussé l'ingratitude jusqu'à oser lever les yeux sur ma fille?

« —Sur votre fille! sur mademoiselle O'Flahers! le fils d'un savetier! quelle horreur !

« — Oui, c'est une horreur, dit

madame O'Flahers ; mais ce qui m'a porté un coup plus sensible encore, c'est que ma fille partage son amour.

« — Mademoiselle O'Flahers, reprit l'abbesse en pâlissant de colère, aime le fils d'un savetier !... mais est-il possible ? Sainte-Vierge ! l'impie aura employé quelque sortilége pour se faire aimer. »

Madame la comtesse, quoiqu'elle n'eût point un esprit transcendant, et qu'elle fût dévote et superstitieuse, voyait cependant plus clair dans cette affaire que la mère abbesse, et elle lui répondit :

« Ma mère, il n'y a point de sortilége là-dedans ; il y a des circonstances très-malheureuses.

« — Comment ! dit l'abbesse.

« — Oui ; ce fils d'un savetier est fort joli garçon.

« — Vraiment ! reprit encore l'abbesse ; est-ce qu'il aurait la beauté de saint Sébastien et la figure intéressante de saint Gervais ?

« — Hélas ! oui, ma mère, et peut-être mieux que tout cela encore.

« — Eh bien ! ma fille, nous assemblerons toutes nos sœurs, nous prierons Dieu, nous ferons des neuvaines, nous brûlerons des cierges.

« — Fort bien ! dit madame la comtesse en déliant sa bourse et en montrant de l'or pour toutes ces prières et pour tous ces cierges ;

mais il y a un autre moyen sur
lequel je compte aussi : vous garderez ma fille. »

A ces mots, la mère Sainte-Ursule
leva au ciel ses mains potelées et ses
yeux ronds, pour remercier son
Créateur qui lui donnait ainsi une
brebis digne de son bercail. Ce n'é-
tait plus ici une femme-de-chambre,
une petite grisette commune et igno-
rante qui venait prendre l'habit de
son ordre ; c'était une noble demoiselle, une O'Flahers, qui, par ses
attenances, sa richesse, procurerait
des faveurs nouvelles au couvent.

« Que notre divin Sauveur et sa
sainte Mère vous entendent, ma
fille ! nous aurons la chère demoiselle

parmi nous ; elle s'appellera sœur Saint-Eugène, puisque vous la nommez Eugénie; le St.-Esprit descendra enele, et lui donnera ce qui lui manque de vocation ; et enfin, quand le Seigneur m'appellera à lui, comme elle est de très-noble maison, elle me remplacera, elle sera à son tour la supérieure des Annonciades.

« — Doucement ! doucement ! dit la comtesse dont l'esprit aristocratique était flatté de voir sa fille épouser un O'Flahers, et empêcher ainsi un nom illustre de s'éteindre ; doucement ! vous garderez ma fille, mais vous n'en ferez point une religieuse.

« — Cependant elle ne peut pas demeurer parmi nous sans prendre

notre habit; les statuts de notre ordre s'y opposent.

« — A la bonne heure, reprit la
comtesse; elle prendra l'habit de
novice; elle demeurera six mois, un
an parmi vous; dans ce temps-là
nous éloignerons le jeune homme;
elle deviendra raisonnable, et nous
ferons le mariage que monsieur le
comte a projeté. »

Ce n'était pas à cela que se bor-
naient les vues de l'abbesse; mais il
fallait se contenter de ce qu'on lui
offrait. Le séjour même temporaire
d'Eugénie pouvait être utile au couvent : et qui connaît les desseins de
Dieu? qui sait ce qui est caché dans
les décrets de la Providence? Au

bout d'un an, peut-être que la grâce aurait touché Eugénie, et qu'elle tiendrait elle - même à prendre le voile.

Madame O'Flahers fit encore une objection ; elle connaissait le caractère de sa fille, et elle craignait qu'elle n'opposât de la résistance à sa volonté, appréciant d'ailleurs fort bien l'énergie que donnent les passions.

« Ma fille, dit-elle, va ne pas vouloir me quitter ; elle va remplir de bruit et de scandale toute cette sainte maison, et toutes ici, faibles femmes que vous êtes, vous ne pourrez l'empêcher de descendre sur mes pas et de gagner ma voiture. Je vous l'avoue, je crains que mon autorité de mère ne soit méconnue. »

Alors la mère Sainte-Ursule la regarda avec un de ces sourires doux et benins que les dévots savent si bien prendre quand ils savent que la force est de leur côté.

« N'ayez aucune inquiétude, ma fille, dit-elle ; le Seigneur nous protége ; il est le Dieu des armées ; il est le Dieu fort et le Dieu puissant, et il a donné à nos faibles mains le pouvoir nécessaire pour nous permettre d'exercer ses volontés. Cependant, ma fille, Dieu vous suggère une bonne idée ; si mademoiselle Eugénie vous voyait ici, au moment de votre séparation, peut-être que la chair et le sang parleraient trop haut : vous ferez fort bien de vous en aller sans la prévenir. »

Madame O'Flahers suivit ce conseil; elle régla avec l'abbesse toutes ses affaires d'intérêt, paya un premier quartier de la pension, prit congé, et regagna sans plus tarder sa voiture.

Cependant Eugénie se promenait dans ce vaste jardin avec une jeune religieuse aux yeux tendres et doux, au maintien réservé, au parler discret. La jeune fille la regardait sans rien dire, et comparait intérieurement cette religieuse compassée avec la mariée qu'elle venait de voir quelques momens auparavant. L'une

annonçait un bonheur franc et jo-
vial, une allure naturelle et gaie ;
l'autre portait les signes équivoques
d'une vie mystérieuse, dont peut-
être les désirs, les actions et les
vœux sont autant de secrets qui
meurent dans le cœur plutôt que
d'arriver sur des lèvres closes comme
les tombeaux ; pensant enfin qu'il
était impoli de ne rien dire à cette
sœur qui marchait auprès d'elle :

« Ma sœur, dit-elle, êtes-vous
heureuse dans cette sainte maison ?
Vous devez l'être, car vous êtes
éloignée de tous les désirs et de toutes
les passions du monde ? »

Quelle que malheureuse que soit
une religieuse, elle se garde bien de

l'avouer, d'abord pour ne pas produire
de scandale, et ensuite par cet esprit
de méchanceté que donne le cloître,
et qui porte ses victimes à faire tous
leurs efforts pour voir s'augmenter le
nombre des êtres qui souffrent. Sœur
Sainte-Camille n'eût garde de déroger à cette règle générale.

« Ah ! ma sœur, vous avez bien
raison. Nous sommes heureuses dans
cette retraite, et moi particulière-
ment, à qui le ciel a fait la faveur
de donner une grande vocation.

« — Vous avez de la vocation ?

« — Oui, ma sœur, » dit la religieuse en souriant d'un air angé-
lique.

Elle mentait, car sa vocation eût

été d'épouser un jeune gaillard qui servait dans les gardes françaises; mais sa famille l'avait mise en religion, parce qu'une vieille comtesse lui avait donné une dot, et avait gratifié de quelques écus son père et sa mère.

« Ah! ma sœur, continua sœur Sainte-Camille, si vous saviez ce que c'est que d'épouser son divin Sauveur, que d'être l'épouse d'un Dieu!

« — C'est très-bien, assurément, pensa Eugénie; mais j'aime mieux épouser Joseph Buchet. Chacun son goût. »

Sœur Sainte-Camille se rassura peu à peu, ses manières prirent bientôt un peu de confiance; elle

commençait à parler comme une religieuse qui sait qu'on n'ira pas redire
à sa supérieure ce qu'elle avouera;
elle regardait Eugénie en dessous,
avec un air qui voulait dire :

« Ah ! si tu devais revenir ici
quelquefois, si tu pouvais être mon
amie et ne pas être jalouse de l'amitié
que me porte la mère abbesse, ne
pas chercher à me supplanter auprès
d'elle, tu serais bien étonnée de ce
que je t'apprendrais; mais non, ce
serait une imprudence, je ne te dirai
rien...

« —Comment Mademoiselle trou-
ve-t-elle notre jardin ? »

Eugénie trouvait le jardin fort
beau; mais elle pensait aussi que la

visite de sa mère était bien longue ,
lorsque tout à coup elle entendit le
bruit d'une voiture qui longeait la
muraille du couvent et qui partait au
grand trot.

« Voilà une voiture, dit-elle ; si
c'était... mais non , c'est impossible. »

Une expression légère et presque
inappréciable de joie se peignit sur
la figure de la religieuse ; elle regarda
curieusement Eugénie , et lui dit :

« Oh ! non , c'est impossible. »

Sœur Sainte-Camille avait compris
la pensée d'Eugénie , et disait *c'est
impossible* avec un ton de naïveté
mêlé d'un certain sarcasme qui n'é-
chappa pas à Eugénie.

« Comment! que voulez-vous dire,
ma sœur? M'aurait-on trompée?...
Allons voir la mère abbesse; je veux
rejoindre ma mère. »

Sœur Sainte-Camille ne répondit
rien, mais elle suivit Eugénie, qui
se précipita vers la cellule où elle
avait laissé madame O'Flahers.

FIN DU PREMIER VOLUME.